60가지 주제로 알아보는
센고쿠 닌자 이야기

戦国 忍びの作法

감수
야마다 유지
山田雄司

SENGOKU SHINOBI NO SAHOU
supervised by Yuji Yamada

Copyright ⓒ 2019 G.B.Co., Ltd
All rights reserved.
Original Japanese edition published by G.B.Co., Ltd

This Korean language edition is published by arrangement with
G.B.Co., Ltd., Tokyo c/o Tuttle-Mori Agency, Inc., Tokyo,
through Korea Copyright Center Inc., Seoul.

이 책은 (주)한국저작권센터(KCC)를 통한 저작권자와의 독점계약으로 마나북스에서 출간되었습니다.
저작권법에 의해 한국 내에서 보호를 받는 저작물이므로 무단전재와 복제를 금합니다.

시작하며

상식을 뛰어넘은 능력을 지닌 닌자의 비밀스러운 실상을 추적해보자!

닌자는 소설·영화·애니메이션·게임 등을 통해 수많은 이미지가 창조되며 사람들에게 다가왔다. 두루마리를 입에 물더니 '펑!' 하고 눈앞에서 모습을 감추거나 위기에 빠지면 주문을 읊어서 거대한 두꺼비로 변신해 적을 꿀꺽 삼켜버리는 닌자. 이처럼 에도 시대 이후로 국내외를 불문하고 수많은 사람들을 매료시켜온 닌자의 매력은 아마도 이런 신비하고도 멋진 모습에 있으리라. 다만 이러한 닌자는 어디까지나 허상으로, 사람들의 손에 창조된 모습이다.

그렇다면 닌자의 진짜 모습은 과연 어땠을까?

신출귀몰하고 어디에나 숨어들 수 있으며 주군이 내린 임무를 확실하게 수행한다. 심지어 세상을 뒤집어 놓을 정도로 큰 임무를 수행했음에도 불구하고 결코 흔적을 남기지 않는다. 또한 화기火器나 수기水器를 장난감 다루듯 사용하며 교제술이나 대화술, 기억술 등에도 능했다. 게다가 의학이나 약학에 대한 식견까지 갖추고 있었다.

창작물 속 닌자와 같은 화려함은 없지만 이러한 면은 닌자 본연의 모습과 매우 흡사하다. 닌자는 당시의 군사 스파이 조직으로, 그곳에는 당시의 최첨단 '과학 기술'이 집약되어 있었다. 그들이 갖춘 지혜와 기술을 하나하나 풀어보면 그저 놀랍기만 할 따름이다.

이 책에서는 최근 밝혀지고 있는 닌자의 실상을 추적해 경이로운 닌자의 지혜와 기술을 알리고자 한다.

- 야마다 유지

속성으로 익히는 닌자 Ⅰ
닌자의 탄생과 마지막까지의 역사

닌자는 센고쿠 시대부터 에도 시대에 걸쳐서 가장 많은 활약을 펼쳤다. 또한 기원을 되짚어 보면 아스카 시대까지 거슬러 올라가는 닌자의 역사는 메이지 시대에 이르러 막을 내리게 된다. 우선 이들이 각각의 시대에 무슨 이유로 존재했는지에 대해 고찰해보려 한다.

아스카 시대
(592년~710년)

나라·헤이안 시대
(710년~1185년)

가마쿠라·남북조 시대
(1185년~1392년)

과거 오토모노 사비토(사이뉴)라는 인물이 '시노비1'로서 쇼토쿠 태자를 섬겼다는 내용이 16세기의 『닌주쓰히쇼오기덴忍術秘書応義伝』에 쓰여 있지만 역사적 사실로서의 신빙성은 낮다는 것이 최근의 연구로 밝혀진 정설이다.

헤이안 시대에는 고가甲賀와 이가伊賀의 선조가 등장한다. 다이라 가문과 미나모토 기문의 전쟁에서는 닌자가 활약했다고 하는데, 이가 닌자의 선조로 여겨지는 핫토리 헤이나자에몬 이에나가가 다이라 가문을 섬겼다. 다이라노 마사카도의 난 당시 활약한 모치즈키 사부로 가네이에는 고가 닌자의 선조라고 하나 확실하지는 않다.

닌자의 존재를 역사적 사실로 확인할 수 있는 자료는 남북조 시대를 무대로 한 군담소설인 『다이헤이키太平記』로, 장원제 지배에 저항했던 무리를 가리키는 말인 아쿠토悪党가 닌자의 기원으로 추정된다.

닌자가 가장 활발하게 활약했던 시기

| 센고쿠 시대 | 에도 시대 | 메이지 시대 |
| (1493년~1590년) | (1603년~1867년) | (1868년~1912년) |

인 센고쿠 시대에 각지의 다이묘(영주)들은 상을 내려 닌자의 활동에 보답했다. 이가와 고가 외에도 구스노키류나 요시쓰네류 등의 유파가 생겨났으며 역할도 첩보 전문, 게릴라전 전문 등으로 세분화되었다.

큰 전쟁이 없었던 에도 시대에는 막부가 에도성의 경호나 각 번藩2의 모반 등을 막기 위한 정보 수집 등에 닌자를 이용했으나 센고쿠 시대만큼 수요가 많지는 않았다.

메이지 시대로 접어들면서 닌자가 할 일은 완전히 사라졌고, 그 지식이나 경험 등을 살려 경찰관이나 불꽃놀이 기술자, 의사나 약사 등, 다양한 직업을 얻어 뿔뿔이 흩어졌다.

1 닌자를 일컫는 또 다른 명칭
2 다이묘가 지배하는 지역

속성으로 익히는 닌자 II

닌자의 출발점은 이가와 고가

닌자는 이가와 고가에서 고도로 발달했다. 각각의 선조는 헤이안 시대까지 거슬러 올라가는데, 어째서 그들은 그 땅에 뿌리를 내려 '닌자의 고향'이라고까지 불리게 된 걸까? 그 기원과 역사에 대해 소개하겠다.

인술에 영향을 준 수험도

산으로 둘러싸인 지역

약초의 보고

강한 단결력

이가는 현재 일본의 미에현 서부, 고가는 시가현 남부에 해당하는데, 이 두 지역은 지리적으로 인접해 있다.

이가와 고가 지방의 산지에서는 수험도修驗道라는 산악신앙이 융성하고 있었기에 수험도의 수행자인 야마부시山伏들이 많았다. 이들은 엄격한 수행을 통해 뛰어난 신체 능력과 폭넓은 지식을 겸비하고 있었으므로 이들이 인술에 영향을 끼쳤다고 생각된다.

이가와 고가는 정치의 중심이었던 교토와 가까웠기 때문에 수도에서 수많은 최신 정보를 수집할 수 있었다. 또한 다른 지역에 비해 다이묘의 지배력이 약해 마을 주민들은 자신들끼리 마을을 다스렸다. 따라서 단결력이 강했고, 외부의 침공을 막아내기 위해 뛰어난 전술 능력을 갖추게 되었다고 한다.

이러한 조건들이 겹치며 이가와 고가는 발전해나갔는데, 이들을 단숨에 유명

마가리의 진

덴쇼 이가의 난

하게 만든 사건은 1487년에 벌어진 '마가리의 진'이었다. 이가와 고가의 닌자들은 무로마치 막부에 적대하던 롯카쿠 가문에 협력해 막부군에 심각한 타격을 입히는 활약을 선보였다.

또 한 가지, 닌자의 이름이 일본 전토에 널리 퍼진 전투로는 1579년에 벌어진 '덴쇼 이가의 난'이 손꼽힌다. 이 싸움에서는 오다 노부나가의 차남인 노부카쓰가 이끄는 8,000명의 군세에 맞서 이가 슈*는 불과 1,500명의 병력으로 큰 승리를 거뒀다. 야습과 교란, 기습 등 닌자 특유의 전술을 펼쳤다고 한다.

그 후로 수많은 전투를 통해 일본 전토에 그 이름을 떨치며 이가와 고가의 닌자들은 널리 알려지게 되었다.

* 무리, 집단을 가리키는 말

속성으로 익히는 닌자 Ⅲ

일본 전국 닌자 MAP

닌자들의 수가 압도적으로 많았던 시기는 센고쿠 시대였다. 닌자의 주된 임무는 첩보 활동으로, 전국 각지의 다이묘들에게 고용되었다. 이들 대부분은 이가 혹은 고가 출신이었지만 '닌자'라는 호칭이 아닌 다양한 호칭이 사용되었다.

❶ 야마쿠구리
(山潜り, 가고시마현)
시마즈 가문을 섬긴 닌자. 풀숲에 숨어서 적을 습격하는 게릴라 전법이 특기였다.

❷ 히미쓰야쿠
(秘密役, 후쿠오카현)
명군사인 구로다 간베에로 유명한 후쿠오카번을 섬긴 닌자의 명칭. 고가가 기원으로 추정된다.

❸ 소토키키
(外聞, 히로시마현)
인코류와 후쿠시마류 등의 유파가 존재했다. 고가의 계통을 물려받았다고 한다.

❹ 고가모노
(甲賀者, 시가현)
마가리의 진에서 활약한 고가 53가(家)에서 다양한 유파가 탄생했다. 각지의 다이묘들에게 고용되어 활약했다.

❺ 네고로슈·사이카슈
(根来衆·雑賀衆, 와카야마현)
네고로지(根来寺)의 승병 집단으로, 철포 부대로서 활약했다. 구스노키류, 나토리류 등의 유파가 존재했다.

❻ 우카미
(伺見, 나라현)
우카미 외에 닷코, 슷파라고 불린 닌자가 있었다. 구스노키류, 규슈류 등의 유파가 존재했다.

7 이가모노
(伊賀者, 미에현)

이가의 닌자는 전국 각지의 다이묘들에게 고용되어 있었다. 고가와 어깨를 나란히 하는 닌자의 고향이다.

8 교단
(饗談, 아이치현)

오다 노부나가가 오와리(尾張)에 있었을 당시 노부나가를 섬겼던 닌자. 정보 수집이나 첩보를 주로 담당했다.

9 사나다슈
(真田衆, 나가노현)

사나다 가문의 사나다 마사유키·노부시게 부자를 섬겼던 닌자. 기습 전법이 특기였다.

10 슷파·미쓰모노
(透波·三ツ者, 야마나시현)

다케다 가문을 섬겼던 닌자를 슷파*라 하고, 여기서 선발된 새로운 조직을 미쓰모노라고 불렀다.

*우카미의 슷파(水破)와는 다름

11 누스미구미
(偸組, 이시카와현)

센고쿠 시대의 무장인 마에다 도시이에로 유명한 가가(加賀)번을 섬겼던 닌자로, 이가가 기원으로 추정된다.

12 후시카기
(伏暇, 니가타현)

우에스기 겐신을 섬겼던 닌자. 풀숲에 엎드려서(伏) 상대방의 동태를 살피는 모습에서 이러한 이름이 붙었다.

13 랏파·후마
(乱波·風魔, 가나가와현)

랏파는 닌자 집단의 총칭이다. 후마는 랏파를 이끌었던 인물로 여겨진다. 후(後)호조 가문을 섬겼다.

14 구로하바키구미
(黒脛巾組, 미야기현)

무쓰(陸奥)의 센고쿠 다이묘 다테 마사무네가 이끌었던 닌자 집단. 검은 각반(p.71)을 신고 있었기 때문에 이러한 이름이 붙었다.

차례

3 • 시작하며

4 • 속성으로 익히는 닌자 ① 닌자의 탄생과 마지막까지의 역사

6 • 속성으로 익히는 닌자 ② 닌자의 출발점은 이가와 고가

8 • 속성으로 익히는 닌자 ③ 일본 전국 닌자 MAP

1장 생활의 법도

닌자의 일상

16 • 인술 수행은 오후에만, 오전에는 농업이나 가사에 힘썼다
   닌자의 일상

18 • 닌자의 체중 제한은 60kg
   닌자의 식탁

20 • 세 개만 먹으면 기운이 쑥쑥! 닌자의 휴대식량은 특제 경단
   임무에 나선 닌자들의 식량

22 • 경보 장치에 유격 시스템까지! 온갖 경비 시설로 가득한 닌자 저택
   닌자의 마을 | 기계장치 저택

26 • 자신의 몸은 스스로 지킨다! 이가와 고가에서 리더가 자리를 비웠을 때
   닌자의 조직

닌자의 수행

28 • 무기 취급법이나 약초 지식을 3세 때부터 교육받았다
   닌자의 아이들

30 • 뛰어난 지구력의 비결은 바로 리드미컬한 호흡법 '흡,흡,하'
   닌자의 지구력 | 닌자의 도약과 잠수 | 닌자의 시력과 청력

34 • **칼럼 ①** 누설 금지! 비밀리에 전해지는 인술이
   기록된 비전서

2장 인술의 법도

인술의 기본

36 • 닌자는 육체파와 두뇌파로 역할이 나뉘어 있었다
   요닌과 인닌

38 • 승려나 예능인으로 둔갑해 적국의 관문을 돌파했다
   시치호데

40 • 감정과 욕망을 뒤흔들어 적의 심리를 자유자재로 조종했다
   오정오욕의 이치

	42	• 기본적인 걸음걸이는 뒤꿈치를 세운 채 네발로 걷기 보법
	44	• 장거리 임무에 대비해 꾸준히 달리기 훈련을 했다 주법
	46	• 올림픽 기록을 능가하는 닌자의 도약력 비신행
	48	• 스승은 너구리나 여우, 메추라기!? 의표를 찌르는 위장술 은형술
둔주술	50	• 적으로부터 도망칠 때 불을 질러서 발을 묶었다 화둔·수둔
	52	• 날씨나 자연, 동물, 벌레까지! 사용할 수 있으면 무엇이든 사용하는 도주 기술 천둔 | 지둔 | 인둔
환술·주문·주술	56	• '분신술'의 정체는 암시를 이용한 트릭이었다 환술
	58	• 정신통일이나 재앙을 쫓기 위해 정해진 포즈로 주문을 읊었다 구자호신법
	60	• 임무에 따른 압박감을 떨쳐내기 위한 주술과 점 주술
그 외의 인술	62	• 쥐나 고양이 울음소리는 적의 주의를 분산시키는 수단 흉내 내기 기술
	64	• 중요한 사실을 기억하기 위해 일부러 몸에 상처를 냈다 연상법
	66	• 여자 닌자인 구노이치는 가공의 인물이었다 구노이치
	68	• **칼럼 ②** 인술의 마음가짐을 시조 형태로 엮은 『요시모리햐쿠슈』

차례

3장 닌자도구의 법도

닌자의 옷차림

70 • 닌자복의 트렌드는 검은색이 아니라 남색이나 갈색이었다
닌자복

72 • 수건이나 필기도구는 첩보 활동의 필수품
시노비로쿠

74 • 납작한 수리검뿐 아니라 막대기처럼 생긴 수리검도 있었다
풍차형 수리검 | 봉수리검 | 쥐는 법

78 • 피리처럼 생긴 바람총은 절대 발각되지 않는 최고의 암살 도구
바람총

80 • 무사가 보조용으로 차고 다녔던 칼을 닌자들은 주무기로 사용했다
닌자도 ① | 닌자도 ② | 닌자도 ③

숨겨둔 무기·비밀 무기

84 • 상대를 방심케 하기 위해 무기는 지팡이나 부채에 숨겼다
위장 지팡이 | 위장 부채 | 각종 위장 무기

88 • 농기구로 사용하는 낫을 무기로 삼았다
비밀 무기 ① | 비밀 무기 ② | 비밀 무기 ③

화기·수기·개기·등기

92 • 무기, 조명, 신호, 통신 및 기타 등등, 화기만 있으면 무엇이든 가능!
화기 ① | 화기 ② | 화기 ③

96 • 소리가 요란한 총은 잘 쓰지 않았다
철포

98 • 물 위를 걷게 해주는 닌자도구는 존재하지 않았다
수기

100 • 닌자는 어떤 문이든 따버리는 자물쇠 따기의 프로!
개기 ① | 개기 ② | 개기 ③

104 • 대나무 하나만 있어도 즉석에서 사다리를 만들 수 있었다
등기

106 • 구나이는 무기가 아니라 구멍을 파기 위한 도구
구나이

| 그 외의 닌자 도구 | 108 • 몰래 엿들을 때는 대나무로 만든 통을 사용했다
시노비즈쓰
110 • 약과 독 모두에 정통한 닌자는 센고쿠 시대의 약사
닌자들의 약 ① | 닌자들의 약 ② | 닌자들의 약 ③

114 • 칼럼 ③ 신체 능력뿐 아니라 머리도 좋았다! |

4장   임무의 법도

| 닌자의 규칙 | 116 • 파괴 공작부터 암살까지 비밀 임무는 무엇이든 수행했다
임무
118 • 닌자의 고용 형태는 정규직과 파견직으로 나뉘어 있었다
닌자의 고용 방식
120 • 살인조차 정의라고 생각한 닌자들의 정신 단련법
닌자의 정신
122 • 열 가지 조건을 충족한 자만이 최고 등급의 닌자가 될 수 있다
이상적인 닌자
124 • 길을 잃었을 때는 말의 뒤를 따라 걸었다
생존 기술 ① | 생존 기술 ② | 생존 기술 ③ |

| 닌자의 사전 공작 | 128 • 인상이나 태도로 본심을 꿰뚫어보는 닌자의 뛰어난 분석 능력
찰인술
130 • 교우 관계나 가족 구성까지 적의 정보를 꼼꼼하게 조사
정보 수집
132 • 적진에 잠입할 때는 연회가 열리는 밤을 노렸다
입허술
134 • 침입하기 어려운 절벽을 올라 적의 의표를 찔렀다
물견술
136 • 경비가 교대한 직후가 기회-닌자의 화려한 잠입술
잠입의 기본
138 • 잠입에 적합한 때는 발소리가 묻히는 바람이 강한 날
가인술
140 • 뛰어난 측량 기술로 싸움을 유리하게 이끌었다
찰지술 |

차례

닌자의 보고 및 연락 체계

- 142 • 늑대 똥은 색깔이 잘 난다!? 봉화는 재료까지 중요하다
  정보 전달
- 144 • 닌자 전용 문자를 사용해서 정보 누설을 막았다
  닌자 문자
- 146 • '산'이라 하면 '강'? 닌자가 사용한 암호
  암호 | 은어 | 전장에서의 신호
- 150 • 쌓아 올린 돌이 동료와의 교신 수단이었다
  정보 전달
- 152 • 닌자는 북두칠성의 위치로 시간을 확인했다
  찰천술 | 시간 | 방위

닌자의 파괴 공작

- 156 • 임무를 수행하기 위해 몇 년 동안 스파이 생활을 하기도
  계남술 | 대번술 | 메아리술
- 160 • 적 조직 내부에서 불우한 자를 찾아내 내분을 꾀했다
  사충술
- 162 • 거짓 소문 하나로 일국을 붕괴로 이끌었다
  반딧불이술
- 164 • 적군의 야영지에 숨어들어 소란을 일으켜 혼란을 야기했다
  영입술
- 166 • 잠입할 절호의 기회는 적군이 출진할 때! 닌자는 약점을 찾아내는 프로
  삼차술
- 168 • 적이 허점을 내보이게끔 일부러 허점을 드러내기도
  수월술

- 170 • 칼럼 ④ 닌자는 무사에 비하면 쉽게 목숨을 잃었다?

- 171 • 에도 닌자 도감
- 181 • 역사에 이름을 남긴 닌자들
- 186 • 닌자 연표
- 190 • 참고문헌

1장

생활의 법도

닌자 하면 떠오르는 이미지는 야음을 틈타 저택에 숨어들거나 천장 위에서 몰래 엿듣는 모습이다. 하지만 그들에게도 평범한 일상이 존재했다. 낮 동안에는 뭘 하고 보냈을까? 평소에는 뭘 먹었을까? 어떤 곳에서 살아갔을까? 등등, 닌자들의 생생한 삶을 살펴보자.

1장

생활의 법도

인술 수행은 오후에만, 오전에는 농업이나 가사에 힘썼다

해당 시대: 무로마치 후기 | 센고쿠 초기 | 센고쿠 중기 | 센고쿠 후기 | 에도 초기

해당 지역: 이가 | 고가 | 그 외

✦ 평소의 삶은 농민과 별반 다르지 않았다

임무가 없는 평시, 닌자들은 어떻게 살아갔을까.

닌자의 마을로 유명한 이가에 대해 기록된 『이란키伊乱記』에서는 센고쿠 시대의 이가 사람들에 대해 이렇게 기술하고 있다. '평소에는 인시寅時에 일어나 오시午時까지 가업에 힘썼고, 그 후로는 저녁까지 무예나 궁술, 말타기 연습을 했다'고 한다.

인시를 지금으로 말하자면 새벽 4시, 오시는 정오를 가리킨다. 다시 말해 당시의 닌자는 새벽녘에 일어나 오전 중에는 농업 등의 집안일에 종사했고, 닌자에게 필요한 무예나 궁술, 마술 훈련은 오후부터 해가 질 때까지 계속했다는 말이 된다.

닌자들은 목숨 걸고 임무를 수행해야 하는 혹독한 세계에 몸담고 있었지만 평소의 삶은 벼나 채소를 기르고 자신들의 옷을 짓거나 농기구를 손질하는 등, 평범한 농민과 다르지 않은 부분도 많았던 모양이다. 하지만 이러한 자급자족의 생활 속에서 체득한 목공이나 야금 등의 기술은 닌자로서 활동하는 데 도움이 되었다고 한다.

또한 닌자가 착용했던 닌자복은 농사일을 할 때 입는 작업복과 비슷했으며, 무기 역시 농기구를 활용한 것이 많았다. 농민으로 변장해 적의 눈을 속이려는 목적도 있었지만 농민으로서의 지식과 경험을 임무에 활용했다고도 볼 수 있다.

반농반사半農半士(반은 농민, 반은 무사)였다고도 볼 수 있는 삶 속에서 마을 사람들이 소중히 지켜온 것은 입으로 전해지는 인술과 가기나와鉤縄, 마름쇠(적의 추격을 막기 위해 바닥에 뿌리는 뾰족한 쇳조각)와 같은 닌자도구의 제작법, 임무에 필요한 화약 제조법 등이었다. 이러한 비밀 기법들은 노인이나 임무 중 부상을 입어 현역에서 물러난 이들이 젊은이들에게 전수하는 경우가 많았다고 한다.

닌자로서의 훈련, 일상생활을 떠받치는 집안일, 그리고 다음 세대의 육성, 이 세 가지가 평범한 농민과 다른 닌자 특유의 삶이었음을 알 수 있다.

닌자의 일상

임무가 없을 때는 어떻게 시간을 보냈을까

혹독한 임무를 수행하는 닌자에게도 평온한 일상이 있다. 그럴 때 이들은 뭘 하고 보냈을까.

하루의 흐름

오전 4시
해가 뜨기 전에 일어나 집안일을 하고 아침을 먹었다.

오전 중
아침을 먹고 나면 정오까지 농업이나 임업 등, 각자 가업에 힘썼다.

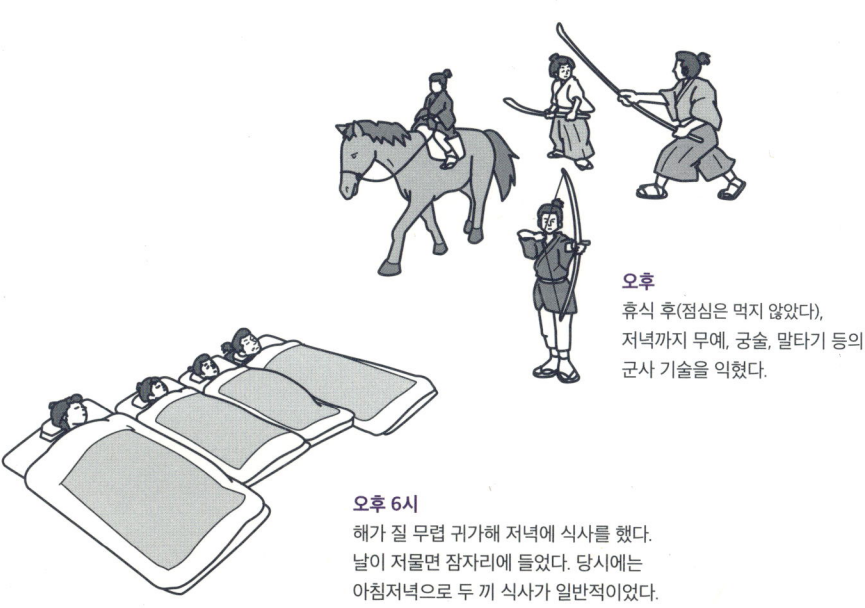

오후
휴식 후(점심은 먹지 않았다), 저녁까지 무예, 궁술, 말타기 등의 군사 기술을 익혔다.

오후 6시
해가 질 무렵 귀가해 저녁에 식사를 했다. 날이 저물면 잠자리에 들었다. 당시에는 아침저녁으로 두 끼 식사가 일반적이었다.

---

column

깔끔한 닌자들

냄새 때문에 상대방에게 들키지 않기 위해 닌자는 체취나 구취가 나지 않게끔 식사에 신경 썼을 뿐 아니라 의복도 잘 빨아 입었고, 목욕도 자주 해서 체취를 지웠다고 한다.

1장

닌자의 체중 제한은 60kg

해당 시대					해당 지역		
무로마치 후기	센고쿠 초기	센고쿠 중기	센고쿠 후기	에도 초기	이가	고가	그 외

✦ **주식은 건강한 잡곡. 음식에 관한 닌자만의 가르침도 많았다**

닌자는 남들보다 더 건강에 신경을 썼다고 한다. 당연히 음식에도 주의를 기울였는데, 항상 고단백 저칼로리 식단을 지키려 했다.

주식은 피나 조 등의 잡곡으로 만든 죽이었다. 가끔 잘 먹어야 할 때는 비타민이나 미네랄, 식이섬유가 풍부한 현미나 율무를 먹었다. 반찬으로는 산나물이나 들풀, 밭에서 수확한 채소, 강에서 낚은 물고기 등이 식탁에 올랐다. 전체적으로 보면 칼로리가 낮고 지방이 적은 건강식 위주로, 이는 인간을 초월한 체술을 구사하기 위해 체중을 관리하려는 목적에서였다. 닌자에게는 체중이 쌀 한 가마(약 60kg)를 넘기면 안 된다는 규칙이 있었다고 한다.

참고로 닌자의 마을인 이가가 위치한 쓰津번에서 편찬한 『소코쿠시宗国史』에는 서민이 쌀을 잘 먹지 않았다는 내용이 기록되어 있다. 메이지 이후에 조사한 내용이긴 하지만 이 지역에서는 기본적으로 양이 많아지게끔 곡물로 죽을 쑤어 먹었다고 한다. 반농반사였던 닌자 역시 이와 같았을 테니 식생활은 검소했으리라.

또한 닌자에게는 대대로 전해지는 특별한 가르침이 있었다. 그중 하나가 바로 몸에 냄새가 배는 부추나 파, 동물의 고기를 먹으면 안 된다는 것이었다. 잠입 활동 중 냄새 때문에 적에게 들켰다간 도로 아미타불이다. 또한 동물의 고기를 먹으면 피가 탁해져서 감이 무뎌진다고 여겼다.

다만 예외적으로 동물의 알, 특히 메추라기의 알은 자주 먹었다고 한다. 닌자의 은둔술 중에는 메추라기처럼 숨는 '메추라기 은신'[1]이 있는데, 메추라기 알을 먹으면 이 기술을 잘 쓸 수 있게 된다고 믿었다.

또한 검은 음식물은 기운을 북돋워 준다고 믿었기에 검은깨나 검은콩, 흑설탕 등도 즐겨 먹었다고 한다.

1 p.48 참조

닌자의 식탁

고심한 흔적이 엿보이는 닌자들의 식사
건강을 유지하고 인간을 초월한 기술을 구사할 수 있는 몸을 만들기 위해 근육 붙이기에 알맞은 콩을 즐겨 먹었다.

반찬
두부나 낫토, 된장 등 콩으로 만든 식품이 중심이었다. 채소나 산나물, 들풀로 절임을 담그기도 했다. 생선을 먹기도 했지만 고기는 종교상의 이유로 금기시되었기 때문에 먹지 않았다.

주식
백미가 아닌 조, 수수, 피 등의 잡곡, 가끔 현미나 보리를 먹었다. 양이 불어나게끔 죽을 쑤어 먹는 경우도 많았다.

건강식

검은 식재료
피로를 가시게 해주는 흑설탕, 뼈와 이를 튼튼하게 해주는 검은깨, 단백질이 많은 검은콩 등.

메추라기 알
먹으면 메추라기에서 유래한 '메추라기 은신'을 잘 쓰게 된다고 믿었다.

나무 열매
잣, 비자나무 열매 등. 영양가가 높으며 특히 비자나무 열매는 오감을 예민하게 해준다고 믿었다.

---

column

닌자의 적정 체중은 쌀 한 가마니

닌자의 체중 제한은 쌀 한 가마니에 해당하는 60kg이었다고 하는데, 어째서 쌀 가마니가 기준이었을까. 닌자는 천장에 매달리는 데 필요한 손가락 힘을 기르기 위해 평소에 엄지와 검지 두 손가락으로 쌀가마니를 드는 훈련을 했다. 따라서 쌀가마니보다 자신의 체중이 가벼우면 한 손으로 천장에 매달릴 수 있었다. 또한 공물인 쌀가마니로 둔갑해 저택이나 성에 잠입하기도 했는데, 마을 사람이 저택으로 공물을 바칠 때 쌀가마니에 몸을 감춰서 숨어들었다. 체중이 지나치게 가벼워도 들키기 쉬우므로 체중은 되도록 쌀가마니와 비슷해야 했다.

세 개만 먹으면 기운이 쑥쑥! 닌자의 휴대식량은 특제 경단

해당 시대					해당 지역		
무로마치 후기	센고쿠 초기	센고쿠 중기	센고쿠 후기	에도 초기	이가	고가	그 외

✦ 언제든 가볍게 꿀꺽! 닌자들의 식량

임무에 나서면 닌자는 하루 종일 뛰어다니거나 좁은 저택의 천장 혹은 마루 밑에 숨느라 느긋하게 식사를 할 시간이 없다. 공복을 견디는 훈련도 받았지만 아무리 그래도 며칠 동안 먹지도 마시지도 않기란 불가능한 일. 따라서 보존성이 뛰어나며 휴대하기도 용이한 비상식량을 소지하고 다녔다.

가장 일반적인 휴대식량은 '효로간兵糧丸'이었다. 찹쌀이나 연밥, 참마, 조선인삼 등의 생약에 대량의 얼음사탕[1]을 첨가해 2cm 정도의 경단으로 빚어서 말린 것이다. 생약에는 자양 강장, 피로 회복, 설사 해소 등의 효과가 있었다. 또한 얼음사탕은 부패를 막아주는 효과뿐 아니라 피로 회복이나 뇌 활성화에도 도움이 되었다고 한다.

효로간을 만드는 데에는 몇 가지 방식이 있는데, 단백질이 풍부한 말린 전복이나 말린 연어가 들어간 것이나 탄수화물 위주로 찹쌀이나 멥쌀을 아낌없이 쓴 것까지 실로 다양했다. 닌자는 약학 지식을 갖추고 있었으므로 자신에게 부족한 영양소가 무엇인지 경험을 통해 알게 되었는지도 모른다.

또한 굶주림을 견뎌야 할 때는 '기카쓰간飢渴丸'이라 불리는 휴대식량을 입에 넣었다. 인삼, 메밀가루, 밀가루, 참마, 감초, 율무, 찹쌀을 빻아 3년 정도 술에 담근 후 말려서 복숭아 씨앗 정도의 크기로 빚는다. 하루에 세 개만 먹으면 식욕이 채워지기 때문에 심신의 피로를 막을 수 있었다고 한다.

그리고 '스이카쓰간水渴丸'이라는 휴대식량도 있었다. 이는 한방약으로 알려진 생약 맥문동에 매실절임과 얼음사탕을 섞어서 빚은 것으로, 이름에서 알 수 있듯이 갈증을 억누르는 데 유용했다고 전해진다.

참고로 닌자 특유의 휴대식량은 아니지만 찐 쌀을 말린 '말린 밥', 토란 줄기를 말린 '즈이키' 등도 휴대식량으로 이용되었다.

1 가장 결정이 큰 설탕

임무에 나선 닌자들의 식량

닌자가 휴대했던 비상용 식품
일반적인 식사가 불가능할 정도로 가혹한 상황에 처했을 때, 닌자에게는 굶주림을 이겨내게 해주는 든든한 아군이 있었다.

닌자 식량의 레시피와 성분

효로간(兵糧丸)
자양 강장, 에너지 보충, 피로 회복, 진통, 건강 유지, 구급 의약으로 애용되었다.

재료
찹쌀 0.5g	계심 9.5g
멥쌀 0.5g	율무 씨 9.5g
말린 연밥 9.5g	조선인삼 0.5g
참마 9.5g	얼음사탕 225g

만드는 법
① 모든 재료를 절구로 빻아 가루를 낸다
② 얼음사탕 이외의 재료를 물에 넣어서 끓인다
③ 얼음사탕을 물에 넣고 데워서 녹인 후 ②에 넣어서 물기가 날아갈 때까지 약불로 졸인다
④ 적당한 크기로 동그랗게 빚고 건조시켜서 굳힌다 (『고슈류닌포덴쇼로단슈(甲州流忍法伝書老談集)』를 토대로 미에 대학교의 히사마쓰 마코토 씨가 약 1/4로 시험 제작한 분량)

스이카쓰간(水渇丸)
침 분비를 촉진시켜 갈증을 일시적으로 억제하는 효과가 있었다.

재료
매실절임 과육 약 37g
얼음사탕 약 7.5g
맥문동 약 3.7g

만드는 법
① 매실절임에서 씨를 제거한다
② 얼음사탕과 맥문동을 빻아서 가루를 낸다
③ ①과 ②를 섞은 후 단단하게 반죽한다
④ 지름 1cm 정도의 크기로 동그랗게 빚은 후 햇볕에 말려 건조시킨다 (『반센슈카이(万川集海)』를 토대로 한 분량)

---

column

효로간은 센고쿠 무장들도 즐겨 먹었다

효로간은 닌자만이 먹었던 식품은 아니다. 다케다 신겐이나 우에스기 겐신 등의 센고쿠 무장들 역시 즐겨 먹었다. 다케다 가문에 전해지는 『고슈류히덴(甲州流秘伝)』에는 쌀가루·메밀가루·매실 과육·가쓰오부시·말린 장어·술이 재료라고 기재되어 있으며, 그 외에도 다양한 레시피가 소개되어 있다.

경보 장치에 유격 시스템까지! 온갖 경비 시설로 가득한 닌자 저택

해당 시대					해당 지역		
무로마치 후기	센고쿠 초기	센고쿠 중기	센고쿠 후기	에도 초기	이가	고가	그 외

✦ 적을 농락하는 온갖 기계 장치로 한가득

임무 이외의 시간, 닌자들은 마을에서 평범한 삶을 보냈지만 이들의 주거지에는 적의 기습에 대비해 다양한 장치가 설치되어 있었다.

닌자 저택의 외관은 평범한 농민들의 주거지와 마찬가지로 단층집이었다. 하지만 내부 구조는 매우 복잡해 적으로부터 도망치기 위한 비밀 문이나 비밀 계단, 비밀 방, 비밀 통로 등이 여럿 설치되어 있었다. 방 역시 2층 혹은 3층 구조인 경우가 많은데, 예를 들어 찬장 뒤쪽의 비밀 계단이나 천장에서 내려오는 줄사다리를 이용해 중이층으로 이동할 수 있었다. 적으로부터 쉽게 도망칠 수 있을 뿐 아니라 다수의 습격을 받았을 때도 적에게 둘러싸이는 사태를 피할 수 있었다. 또한 바닥의 널빤지 밑에 수납공간을 마련해 칼이나 화승총 등의 무기를 감추두었다고 한다. 게다가 벽 한 쪽을 밀면 회전하는 구조인 '돈덴가에시どんてん返し'라 불리는 비밀 문은 적으로부터 몸을 지켜주는 비밀 방이나 안전히 도망치기 위한 비밀 통로와 이어져 있었다.

그 외에도 문을 열면 소리가 나는 경보 장치나 문을 열면 말뚝으로 고정되어 있던 대나무 판이 적의 얼굴이나 정강이를 타격하는 유격 시스템이 설치되어 있는 등, 닌자 저택은 그야말로 적을 농락하기 위한 도깨비 집이었던 셈이다.

닌자들이 그렇게까지 공을 들여 적의 습격에 대비한 이유는 단 하나. 그들이 가장 두려워했던 것은 화약에 대해 기록된 비전서가 탈취되는 사태였기에 이를 막기 위함이었다고 한다.

센고쿠 시대부터 에도 시대에 걸쳐 전투에서 크게 활약한 철포는 화약의 조합에 따라 비거리나 명중률 등의 성능이 크게 달라졌다. 본래 폭죽이나 불화살 등의 화기를 자주 이용했던 닌자들에게는 화약에 대한 독자적인 노하우가 있었고, 그 기술은 철포의 성능을 향상시키는 데 활용되었던 것이다. 화약에 관련된 비전서는 자국의 우위를 지키기 위해 적에게 절대 넘겨서는 안 될 비밀 정보였던 셈이다.

닌자의 마을

적의 습격에 대비한 산마을

닌자들이 거주하는 마을은 노동과 휴식, 수행을 위한 장소이자 때로는 습격해온 적으로부터 몸을 지키기 위한 곳이기도 했다.

봉화대
불을 지펴 연기를 피워 올려서 마을의 동료에게 신호를 보냈다.

조닌(上忍, 상급 닌자)의 집
높직한 곳에 지어져 흙담이나 연못 등으로 둘러싸여 있었다.

정원에서 수행했다
닌자 두령이 거주하는 저택의 넓은 정원과 연못은 자제들이 훈련하는 장소였다. 이들은 이곳에서 칼이나 활 솜씨를 단련했다.

닌자 FILE

닌자의 성관
이가와 고가의 마을에는 토호가 거주했던 성관*이 무척 많았다. 그 수는 무려 800여 곳에 달한다. 구릉지 끝부분이나 골짜기 초입에 지어져 있었는데, 가파른 흙담에 둘러싸여 있어 침입자는 쉽게 접근할 수 없었다.

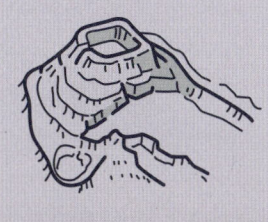

*성과 주택을 겸한 대형 건축물

모모치 단바의 성관

이가류 닌자인 모모치 단바노카미에 관해 자세한 사항은 알려져 있지 않지만 미에현에는 단바노카미의 거성으로 추정되는 모모치 집안의 성터가 남아 있다. 현재, 약간의 흙담과 성터가 남아 있으며 숲에 둘러싸여 있어 낮에도 어슴푸레하다.

기계장치 저택

온갖 장치와 아이디어로 가득한 저택

닌자가 거주하는 닌자 저택은 얼핏 평범한 농가의 가옥처럼 보이지만 다양한 공격에 대비한 구조로 지어져 있었다.

가타나가쿠시·모노가쿠시 (刀隱し·物隱し)

바닥 밑에는 비밀 수납공간인 '모노가쿠시·가타나가쿠시'가 있었다. 바닥의 귀퉁이를 밟으면 반대쪽이 들리며 감춰져 있던 칼 등을 꺼낼 수 있었다. 문지방을 누르면 열리는 구조인 '가쿠시모노이레(隱し物入れ)'도 있었다.

귀퉁이를 누르면 상판이 들린다.

비밀 문

평범한 벽처럼 보이지만 빈틈에 종이 따위를 끼워 넣으면 빗장이 풀리며 문이 열린다. 적이 저택으로 침입했을 때는 이 문을 통해 밖으로 탈출했다. 잽싸게 도망치는 데 성공했다면 어디로 도망쳤는지도 발각되지 않는다.

아오모리현에 남아 있는 닌자 저택 〔증거자료〕

2016년, 아오모리현 히로사키시에서 닌자 저택이 발견되었다. 마루는 밟으면 소리가 나는 구조였으며 도코노마*에는 몸을 숨기기 위한 공간도 있었다. 저택이 있던 지역에 살던 스기야마 가문이 히로사키번의 닌자 집단 '하야미치노모노(早道之者)'와 연관이 깊었다는 사실도 밝혀졌다.

*장식물을 놓기 위해 꾸며놓은 공간

column

그 외에도 수많은 장치가 있는 '용해술'

침입자에 맞서 싸우기 위한 닌자 저택의 각종 장치들을 '용해술(用害術)'이라고 불렀다. 용해술로는 침입자의 다리가 새끼줄에 걸리면 휘어져 있던 대나무가 정강이를 강하게 때리는 '스네바라이(脛払い)', 머리 위에서 통나무가 떨어지는 '쓰리오시(釣押)' 등이 있었다.

줄사다리
개폐식으로 만들어진 천장에서 줄사다리를 내릴 수도 있었다. 적이 습격했을 때는 줄사다리를 타고 천장 위로 도망친 뒤 줄사다리를 거둬들이면 적은 쫓아올 수 없다.

돈덴가에시(どんでん返し)
얼핏 평범한 벽처럼 보이지만 회전하는 구조로 되어 있어서 벽 반대편으로 도망칠 수 있다. 현대의 회전문과 달리 90도밖에 회전하지 않으므로 추격자가 닌자와 똑같이 돈덴가에시를 밀어봐야 꿈쩍도 하지 않는다.

회전한다

비밀 통로·비밀 계단
도주를 위한 장치로 벽장에 감춰진 비밀 계단도 있었다. 평소에는 선반으로 보일 뿐이지만 고정 장치를 벗겨내면 계단으로 변했다. 집 안에서 집 밖 우물로 이어지는 비밀 통로도 있었다.

비밀 통로
비밀 계단
돈덴가에시

자신의 몸은 스스로 지킨다! 이가와 고가에서 리더가 자리를 비웠을 때

해당 시대						해당 지역		
무로마치 후기	센고쿠 초기	센고쿠 중기	센고쿠 후기	에도 초기		이가	고가	그 외

✦ **유력한 영주가 없는 상황에서 탄탄한 자치조직이 탄생하다**

지금의 미에현에 있었던 이가국伊賀国과 시가현의 고가군甲賀郡은 과거 '고이잇코쿠甲伊一国'1라 불렸듯 국경이 인접해 있었다. 양국 모두 산과 골짜기로 둘러싸인 복잡한 지형이었으며 소영주들로 북적이는 지역이기도 했기에 침공하거나 다스리기가 어려워 무력으로 지배하려는 다이묘가 없었다. 그렇다고는 하나 타국으로부터의 간섭이 전혀 없지는 않았다.

이가에서는 각 지역을 지배하는 소영주들이 타국으로부터 공격을 받았을 때를 대비해 '이가소코쿠잇키伊賀惣国一揆'라 불리는 공화제적 자치조직을 결성했다. 이는 평소 각자의 토지를 지배하며 때로는 국내의 토지를 둘러싸고 다툼을 벌이던 소영주들도 유사시에는 일치단결하여 외적과 싸우자는 약속이었다.

이세 신궁 도서관에 소장된 『이가소코쿠잇키오키테가키伊賀惣国一揆掟書』에 따르면 유사시에는 종을 쳐서 위로는 50세, 아래로는 17세까지의 남자는 즉시 병량과 무기를 지참해 지정된 위치로 가서 국경이 뚫리지 않게끔 경비를 서라는 기록이 남아 있다.

한편 고가군에서도 소영주들이 정치적 결속을 꾀할 목적으로 '도묘추소同名中惣'를 결성했다. 도묘同名란 문자 그대로 성이 같은 가문을 가리키는 말로, 30~100가구를 한데 묶은 조직이었다. 또한 몇 개의 도묘추소가 모인 연합체도 조직되었다. 상호 불가침이나 공동 방위 등의 맹약이 맺어졌고 문제가 발생하면 해결을 위한 논의가 실시되었다. 이러한 합의제에 따른 자치 정치는 점차 고가군 전체로 확산되어 '고가군추소甲賀郡中惣'가 탄생하기에 이르렀다.

센고쿠 시대 말기, 이가는 도쿠가와 가문의 휘하에, 고가는 도요토미 가문의 휘하에 가담하면서 창작물에서 둘은 라이벌적 관계로 묘사되는 경우가 많아졌다. 하지만 실제로는 혈연관계도 많았으며 다투는 일도 없는 협조 관계였다.

1　고가와 이가는 한 나라라는 뜻

닌자의 조직

민주적 운영을 실현시켰다

이가와 고가의 닌자들은 매사를 대표자들의 논의나 다수결로 정하는 민주적 자치를 실시했다.

노요리아이(野寄合)
이가의 '이가소코쿠잇키'와 고가의 '고가군추소'의 조직 대표자들이 지역의 국경 부근에서 모여 회담을 열었다. 이를 '노요리아이'라고 한다. 오다군이 공격해왔을 때를 대비한 대응책에 대해 토론하고 법령문을 작성해서 일치단결해 막아낼 것을 맹세했다.

이가소코쿠잇키
이가 지역의 주거 방식을 살펴보면 사방을 흙벽이나 해자로 둘러친 주거지가 다수 현존해 있는데, 이는 '당(党)'이라 불리는 지역 간의 대립으로부터 방어하기 위함이었다. 다만 외적으로부터 침략이 예상될 때는 대립하는 지역들도 한데 뭉쳐 응전했다. 이때 모인 조직을 '이가소코쿠잇키'라고 부른다. 평상시의 작은 공동체를 유사시 하나의 큰 집단으로 발전시킬 수 있었던 것은 이가뿐이었다고 한다.

고가군추소
센고쿠 시대에 고가는 다이묘들이 펼치는 하극상이나 패권 다툼에 가담하지 않고 소영주들이 공존하는 공화제적 정치 체제를 확립시켰다. 여기서 탄생한 고가군 전체의 연합체가 바로 고가군추소였다. 각 지역의 대표자인 '부교(奉行)'들이 합의를 통해 매사를 결정했다. 정치나 경제에 관한 결정뿐 아니라 범죄나 다툼의 판정도 내리는 일종의 민주주의를 실현시켰다.

> **column**
> **세계 최초의 '의회제 민주주의'!?**
> 이가의 '이가소코쿠잇키', 고가의 '고가군추소'라는 조직에서는 선발된 대표들이 토론을 통해 매사를 결정했다. 닌자는 프랑스 혁명보다 약 200년이나 빠른 시점에서 의회제 민주주의를 실현시킨 셈이다.

무기 취급법이나 약초 지식을 3세 때부터 교육받았다

해당 시대					해당 지역		
무로마치 후기	센고쿠 초기	센고쿠 중기	센고쿠 후기	에도 초기	이가	고가	그 외

✦ 3세 무렵부터 수행을 시작해 12세면 어엿한 닌자로

닌자는 상상을 초월하는 신체 능력이나 무기를 다루는 탁월한 기술, 그리고 화약이나 약초에 관한 방대한 지식을 보유했다. 첩보 활동에 빼놓을 수 없는 이러한 기술은 부모로부터 자식에게, 자식으로부터 손자에게 대대로 전수되었다.

닌자의 수행은 말을 이해하게 되는 3세 무렵부터 시작되었다고 한다. 노인이나 임무 중에 부상 등을 입어 현역에서 은퇴한 이들이 지도를 맡았다. 조부가 자신의 손자를 일대일로 지도하는 경우도 있었지만 가족, 친척을 중심으로 한 당党이라 불리는 일족과 마을 아이들을 모아 수행시키는 경우도 많았다고 한다.

또한 아이들에게는 보고 배우는 것도 중요한 수행이었다. 목숨 걸고 임무에 나서는 아버지의 모습을 보거나 화살이나 마름쇠와 같은 도구 손질을 돕는 등, 일상생활 속에서 닌자의 소양을 배워나갔다.

엄격한 수행을 통해 심신을 단련하고 화약이나 약초 취급법을 익힌 마을 아이들은 12세 무렵이면 어엿한 닌자로서 임무를 맡게 된다. 12세라 하면 지금은 초등학교를 졸업할 나이다. 그런 나이에 사회의 구성원으로 인정받았다는 사실을 생각해보면 수행이 얼마나 혹독했을지 미루어 짐작할 수 있다.

또한 수행 결과, 닌자의 재능이 없다고 판단된 아이들에게는 비전으로 통하는 인술이 대물림되지 않았다. 임무 중의 실수는 자신뿐 아니라 함께 행동하는 동료들의 목숨까지 위태롭게 만들기 때문이다.

참고로 유소년기에 기술을 익힌 닌자들은 단련을 거듭함에 따라 오랫동안 현역으로 활약할 수 있었던 듯하다. 1637년에 일어난 시마바라의 난에서는 열 명의 고가모노가 막부군으로 참전했다는 기록이 남아 있는데, 이들의 나이는 63세였던 모치즈키 헤이다유를 필두로 50대 전후가 절반을 차지했다고 한다.

닌자의 아이들

어떻게 훈련을 받았을까?
닌자의 마을에서 태어난 이는 새로운 닌자가 된다. 아이들은 어떻게 닌자 기술을 배우며 자랐을까?

닌자 마을의 아이들

아이들
형제나 친척 등의 혈연관계, 혹은 같은 지역 출신.

당의 장로
현역에서 물러난 노인 혹은 부상으로 은퇴한 자.

육체 단련
무예, 궁술, 말타기 등의 훈련이나 인술을 수행했다(p.30~33).

약초·화약 공부
임무에서 사용할 약초, 화약에 대한 지식도 습득했다.

아버지 돕기
함께 닌자도구를 만들거나 같이 행동하며 인술을 몸으로 익혔다.

---

column

최종 시험의 과제는 '뱃사공 속이기'였다?

이시카와현의 가나자와에는 에치젠류(越前流)라고 하는 인술의 유파가 존재했는데, 이 지역의 닌자들은 어느 정도 수행을 마치면 최종 시험으로 '변장한 채 나룻배를 타라'는 과제가 주어졌다. 각자 자신 있는 모습으로 변장해 나룻배에 오르고, 사공이 수상하게 여기지 않는다면 합격이었다. 날마다 사람들과 만나는 사공들은 짐을 짊어지는 방식만 보고도 수상한지 아닌지를 단번에 알아차릴 수 있었다고 한다. 신참 닌자에게는 난이도가 높은 시험이었다.

뛰어난 지구력의 비결은 바로 리드미컬한 호흡법, '흡, 흡, 하'

해당 시대					해당 지역		
무로마치 후기	센고쿠 초기	센고쿠 중기	센고쿠 후기	에도 초기	이가	고가	그 외

✦ 다양한 수행을 통해 여러 기술을 습득

닌자는 기본적으로 다양한 수행을 하지만 그중에서도 삼무인三無忍이라 불리는 훈련이 유명하다. 삼무三無란 발소리를 지우는 '무족인無足忍', 숨소리를 지우는 '무식인無息忍', 냄새를 지우는 '무취인無臭忍'을 가리킨다. 적진이나 적의 처소에 침입하는 경우가 많은 닌자에게는 상대방에게 존재를 들키지 않는 것이 무엇보다 중요했기에 자신의 기척을 지우는 데 세심한 주의를 기울였다.

발소리는 소리를 내지 않고 걷는 독자적인 보법을 몸에 익히기 위한 훈련이 실시되었다.[1]

호흡법은 '정식법整息法'이라 불리는 방법으로 소리 없이 숨을 들이마시고 내뱉는 훈련을 실시했다. 이는 바른 자세로 앉아 숨을 가늘게 들이마시고 일단 끊어서 기를 온몸에 보낸 후 코로 가늘게 토해내는 방식으로, 호흡 소리를 지워줄 뿐 아니라 몸 안에 기를 충만케 해주기에 더욱 강인한 체력과 기력을 기르기 위한 훈련이리 여겼다. 이 호흡법을 터득한 닌자는 몸을 움직인 직후에도 전혀 숨소리를 내지 않았다고 한다.

냄새에 대해서는 구취나 체취의 원인인 부추나 마늘, 양파 등, 냄새가 강한 음식물은 임무 전에 입에 대지 않았다.[2]

닌자는 시각과 청각도 단련했다. 시력은 멀리 떨어진 사물을 보는 것보다 어둠 속에서 얼마나 잘 볼 수 있는지가 중요했다. '명안지법明眼之法'이라 불리는 수행에서는 어둠 속에서 볼 수 있는 힘을 기르고자 눈을 깜빡이지 않은 채 불꽃을 계속 쳐다보다 한계에 도달했을 때 눈을 감는 식으로 훈련했다. 또한 청력의 경우에는 여럿이 이야기를 나누는 가운데 특정 인물의 목소리를 분간해내고 몇 명이 이야기를 나누는지를 맞히는 훈련을 실시했다. 그리고 바늘을 바닥에 떨어뜨려 그 소리로 몇 개가 떨어졌는지를 맞히는 훈련을 통해 잡음 속에서 작은 소리를 포착하기 위한 집중력을 길렀다.

1 p.42 참조
2 p.18 참조

닌자의 지구력

신체 능력이 뛰어난 이유는 바로 호흡법이었다?

몸을 쓰는 임무가 많은 닌자에게 체력은 필수였다. 닌자들은 몸 상태를 가다듬기 위해 호흡법을 중요시했다.

호흡법

식장·정식법 (息長·整息法)
무릎을 꿇고 앉아 향 연기처럼 가늘게 호흡했다. 자신의 기척을 감추는 훈련 외에도 스트레스를 억제해주거나 정신을 통일시켜주는 효과도 있었다.

이중 호흡법
장거리를 달리기 위한 호흡법. '마시기, 내뱉기, 내뱉기, 마시기, 내뱉기, 마시기, 마시기, 내뱉기'와 같이 정해진 리듬에 따라 호흡해 대량의 산소를 들이마셨다. 마시고 내뱉기를 2회 반복하는 이 방식은 현대의 마라톤에도 적용된 호흡법이라고 한다.

콧등에 종잇조각을 붙이는 수행법
적신 종이를 콧등에 붙인 후 내뱉은 숨결에 종이가 떨어지지 않게끔 호흡했다.

보법

오래달리기 훈련
어금니로 종이를 문 채 발끝을 보며 한 시간에 15킬로미터 이상을 걸었다. 달릴 때 턱이 위를 향해 있으면 호흡이 쉽게 흐트러지므로 이 훈련으로 어떤 상황에서도 자세를 유지할 수 있게끔 했다.

POINT

체력 소모를 막는 난바 보법

현대인의 걸음걸이 　　　 난바 보법

'난바'는 오른손과 오른다리, 이어서 왼손과 왼다리를 동시에 뻗는 보법이다. 몸을 비트는 동작이 작아서 운동 효율이 좋다. 장거리를 이동할 때는 이 보법이나 동일한 방법으로 달리는 '난바 달리기'로 이동했다.

닌자의 도약과 잠수

닌자는 높이 뛰고, 깊게 잠수했다

닌자는 남의 눈에 띄지 않기 위해 가벼운 몸놀림으로 높은 곳까지 뛰어오르거나 물속으로 잠수했다. 당연히 이를 위한 수행도 빼놓지 않았다.

도약

구멍 훈련법
허리보다 조금 넓은 구멍에서 무릎과 다리 힘만으로 뛰어올라야 한다. 조금씩 구멍을 깊게 해서 도약력을 길렀다.

삼 훈련법
삼을 뛰어넘는 훈련을 했다. 삼은 무척 빠르게 성장하므로 여기에 맞춰서 뛰면 도약력을 기를 수 있었다.

잠수

잠수 능력에 대해
닌자는 도약력뿐 아니라 잠수 능력도 탁월했는데, 일설에 따르면 약 10분 동안 잠수할 수 있었다고 한다. 오래 잠수하기 위해 물을 채운 통에 얼굴을 담그고 숨을 참는 훈련을 했다. 또한 물 밑을 걸을 때는 품속에 돌을 넣었다.

닌자의 시력과 청력

첩보 활동을 위해 눈과 귀도 단련했다
적의 저택에 잠입해서 확실하게 정보를 입수하기 위해 닌자들은 수행을 쌓아 뛰어난 시력과 청력을 손에 넣었다.

시력

어둠 속에서 불꽃 바라보기
어둠 속에서의 시력을 기르기 위한 수행. 어두운 방에서 촛불을 바라보다 눈을 감는 동작을 되풀이했다.

구멍의 개수 세기
종이로 등불 주위를 덮어놓은 후 바늘로 작은 구멍을 뚫어서 그 개수를 센다. 익숙해지면 등불과 자신의 거리를 벌려나간다.

어두운 곳과 밝은 곳 오가기
어두운 곳에서 갑자기 밝은 곳으로 나오면 눈이 흐려진다. 이를 막기 위해 밝은 방과 어두운 방을 오가며 눈을 단련했다.

청력

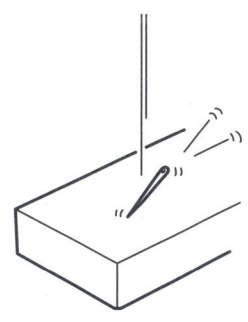

바늘 소리
숫돌 위에 바늘이 떨어지는 소리를 듣는 훈련. 여러 개를 떨어뜨려서 개수까지 분간해냈다.

작은 소리 듣기
잡음 속에서 작은 소리를 가려내기 위한 수행을 통해 닌자는 청력을 길렀다.

목소리
여럿이 이야기를 나누는 가운데 특정한 인물의 목소리를 가려내는 훈련도 실시했다.

칼럼 ①

누설 금지! 비밀리에 전해지는 인술이 기록된 비전서

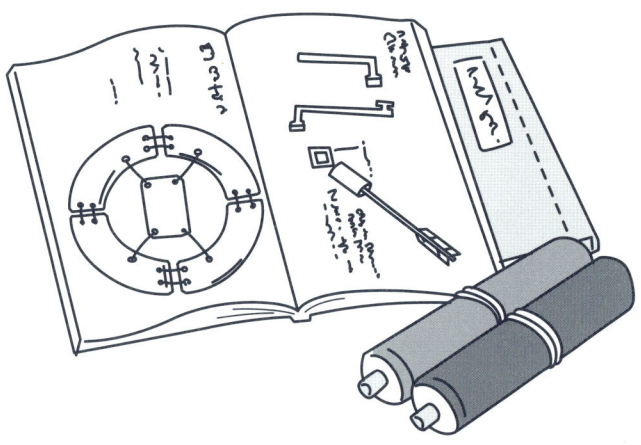

닌자 애호가라면 읽어둬야 할 현재까지 이어지는 인술서

　인술은 본래 스승으로부터 제자에게 입으로 전해졌지만, 천하가 태평한 에도 시대로 접어들자 닌자가 활약할 장소는 줄어들었고, 도구의 사용법이나 지식 등의 기술도 더는 대물림되지 않을까 우려되었다. 그래서 이러한 기술을 정리해놓은 책이 바로 인술서다. 100권 이상의 인술서가 존재했다고 하나 가장 뛰어난 것은 『반센슈카이万川集海』(22권)로, 이가 닌자 후지바야시 야스타케가 남긴 책이다. 제목의 유래는 이가, 고가 및 모든 유파의 인술이 정리되어 있으므로 모든万 인술川을 하나로海 정리했다集는 의미다. 그 외에 기슈류紀州流 인술이 정리된 『쇼닌키正忍記』(3권), 저명한 닌자 핫토리 한조 가문에 전해지는 『시노비히덴忍秘伝』(4권)이 있는데, 여기에 『반센슈카이』를 더해 '3대 인술서'로 통한다.

2장

인술의 법도

닌자가 수행을 쌓아 터득한 인술은 정보 수집 등의 임무에 도움을 주었다. 적을 불길로 감싸거나 날다람쥐처럼 허공을 나는 등, 불가사의한 기술을 구사하는 이미지가 강한데, 실제로는 어땠을까? 이번 장에서는 인술뿐 아니라 인술에 필요한 도구 등도 함께 소개하겠다.

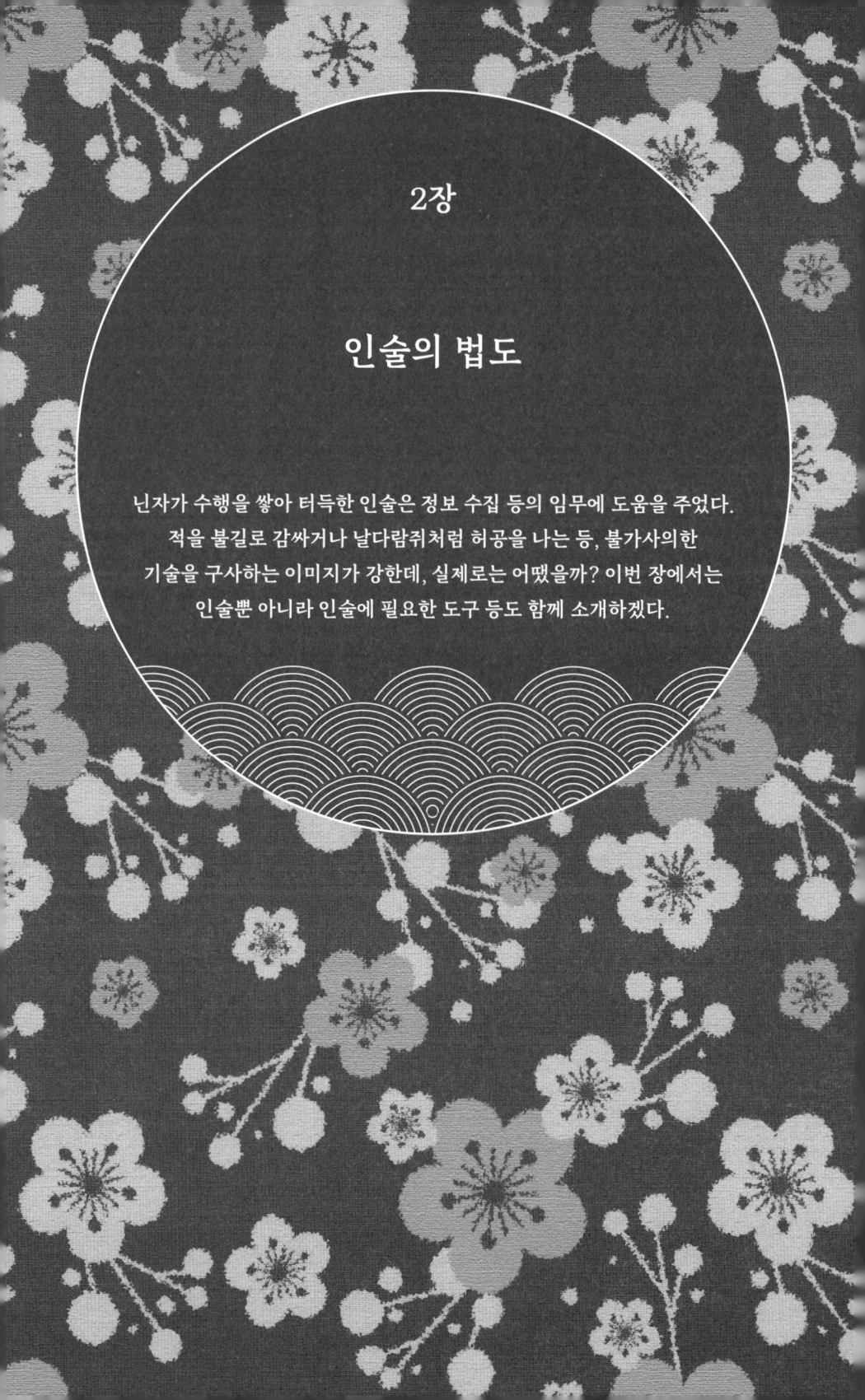

닌자는 육체파와 두뇌파로 역할이 나뉘어 있었다

해당 시대					해당 목적				
무로마치 후기	센고쿠 초기	센고쿠 중기	센고쿠 후기	에도 초기	잠입	정보 수집	암살	도주	공격	전달

✦ 상대의 심리를 조종하는 '요닌'과 체술을 구사하는 '인닌'

닌자의 역할은 실로 다양하게 나뉜다. 적국에 잠입해 정치 동향이나 병력 등의 정보를 수집하기도 하고 적국에 거짓 정보를 흘려 혼란에 빠뜨리기도 했다. 때로는 어둠 속에 숨고, 때로는 교묘한 말로 상대를 속인다. 다양한 역할을 수행하기 위해 닌자는 다채로운 인술을 보유하고 있었는데, 이는 크게 '요닌陽忍'과 '인닌陰忍'으로 나눌 수 있다.

'요닌'이란 상대에게 자신의 모습을 드러낸 상태에서 화술이나 편지로 거짓 정보를 쥐어주는 방식이다. 말하자면 상대의 심리를 조종하는 기술이다. 변장으로 상대방의 경계심을 풀고, 교묘한 언변으로 정보를 캐내거나 가짜 서류로 당당하게 관문을 통과하는 것도 '요닌'의 기술이라 할 수 있다.

한편 '인닌'은 적의 성이나 저택에 숨어들어 내부 상황을 살피거나 파괴 공작을 실시하는 등 어둠 속에 몸을 숨기는 기술로, 기본적으로 상대방에게 모습을 드러내지 않는다. 높은 벽을 오르거나, 지붕 위나 마루 밑에 숨어 실내의 정황을 살피거나, 소리 없이 이동하는 등, 대부분은 일반인을 초월한 체력과 체술이 요구된다. 우리가 '닌자' 하면 떠올리는 이미지는 대개 '인닌'의 기술이라 보면 된다.

'인닌'이 체력을 요하는 기술인 반면 '요닌'은 상대를 속이는 지혜가 필요한 두뇌적인 기술이다.

두 인술을 비교하면 혹독하고 육체적 단련이 필요한 '인닌'보다 말이나 소도구로 상대를 속이는 '요닌'이 더 간편하고 안전한 느낌이다. 하지만 목적이나 상황에 맞게 두 방식을 임기응변식으로 가려서 사용하는 것이야말로 뛰어난 닌자의 필수 조건이라 할 수 있겠다.

참고로 에도 시대에 정리된 인술서에 따르면 성에 잠입하기 위한 '조에이닌城營忍', 문을 열기 위한 '가이도開戶' 등이 인닌의 기술이며, 정보로 적을 혼란시키는 '근입술近入術', 정찰을 위한 '미쓰케見付' 등이 요닌의 기술이라 한다.

요닌과 인닌

낮에는 모습을 드러내고 밤에는 기척을 숨긴다

닌자는 '요닌'과 '인닌'이라는 두 얼굴을 지녔다. 각자가 구사하는 기술은 음(陰)과 양(陽)이라는 이름에 걸맞게 각각 특징이 있었다.

요닌(陽忍)

원입술(遠入術)
첩보 활동을 시작하기에 앞서 우선 적국에 숨어들어야 한다. 승려나 여행자 등으로 변장해 의심받는 일 없이 잠입했다.

근입술(近入術)
적국에 잠입하는 데 성공하면 그 나라를 붕괴로 이끌기 위해 거짓 정보를 흘린다. 적이 닌자라는 사실을 눈치채지 못하게끔 방언도 익혔다.

인닌(陰忍)

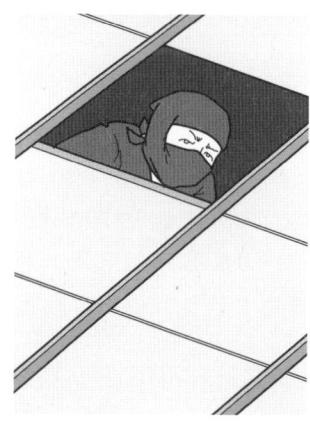

가닌(家忍)
닌자복을 입고 적의 진영·저택에 잠입하는 것을 가닌이라고 한다. 지붕 위나 바닥 밑에 몸을 숨긴 채 내정을 살폈다.

조에이닌(城營忍)
적국의 성에 잠입하는 것을 조에이닌이라고 한다. 아무에게도 들키지 않은 채 성벽을 올라야 하므로 뛰어난 신체 능력이 요구되었다.

승려나 예능인으로 둔갑해 적국의 관문을 돌파했다

해당 시대					해당 목적					
무로마치 후기	센고쿠 초기	센고쿠 중기	센고쿠 후기	에도 초기	잠입	정보 수집	암살	도주	공격	전달

✦ 복장은 물론이고 몸짓이나 특징까지 완벽히 흉내 냈다

닌자는 적지에 잠입할 때 그 지역을 돌아다니더라도 아무런 의심을 사지 않게끔 변장을 하고 다녔다. 주된 변장은 고무소虛無僧, 출가승, 야마부시山伏, 상인, 호카시放下師, 사루가쿠시猿楽師, 쓰네노카타常之形의 일곱 가지로, 이를 합쳐서 '시치호데七方出'라고 부른다.

닌자가 활약했던 시대, 국경에는 관문이 설치되었고 증명서가 없으면 통과가 불가능했다. 하지만 고무소나 야마부시, 상인들은 막부에 정보를 제공하는 조건으로 국경을 넘어 자유로이 행동할 수 있었다. 또한 당시는 사찰이 관청과 같은 역할을 맡고 있었기 때문에 드나들더라도 의심을 받지 않는 고무소나 야마부시, 출가승의 모습은 변장에 적합했다.

지금으로 따지면 곡예사에 해당하는 호카시는 마술이나 곡예, 원숭이 재주 등의 볼거리를 직업으로 삼는 이들이었고, 사루가쿠시는 무용(춤) 등의 예능을 선보이는 이들이었다. 모두 전국을 유랑하는 직업이었으므로 적지에서도 외지인으로서 활동하는 데 무리가 없었다. 또한 예능은 사람의 마음을 누그러뜨리는 효과가 있기 때문에 마음의 벽을 허물어 정보를 교묘하게 캐낼 수 있었다.

쓰네노카타常之形는 특정 직업이 아니라 마을 사람이나 무사, 기술자와 같은 보통 사람들이다. 그 지역에 오래 거주하며 긴 시간에 걸쳐 정보를 수집할 경우, 가장 의심을 사지 않는 형태였다고 한다.

닌자들은 임무에 맞게 다양한 모습으로 변장했지만 단순히 겉모습만 흉내를 냈던 건 아니었다. 각각의 직종에 따른 몸가짐이나 행동거지, 말투는 물론 승려라면 독경, 고무소라면 피리 연주, 약장수로 변장했다면 약에 관한 지식, 호카시나 사루가쿠시에게 필요한 예능까지 익혔다.

게다가 '사람은 자신보다 처지가 불우한 사람에게 마음을 쉽게 연다'는 심리를 이용하기 위해 병자로 위장하기도 했다. 며칠 동안 잠을 자지 않거나 식사를 끊어 철저하게 병자를 연기했다고 한다.

의심 받지 않는 모습으로 변장해서 적국에 잠입

시치호데

적국으로부터 정보를 모을 때 닌자는 다양한 직업으로 변신했다. 변장하는 사람의 몸짓이나 분위기까지 신경을 썼다.

사루가쿠시(猿楽師)
사루가쿠는 무로마치 시대에 성립된 일본의 예능이다. 센고쿠 다이묘의 밑에서 인물 흉내 등의 예능을 선보이며 의심 받지 않고 적지에 침입했다.

야마부시(山伏)
야마부시는 수험도라 불리는 종교의 신도들이다. 여러 나라를 돌아다닐 수 있었기 때문에 닌자에게 적합한 변장 대상이었다.

출가승
불가에 귀의한 승려. 남녀노소를 불문하고 많은 사람이 모이는 절에 잠입해 의심 받지 않고 정보를 입수할 수 있었다.

고무소(虛無僧)
고무소는 선종이라는 종파의 승려다. 얼굴이 모두 가려지는 깊은 삿갓을 쓰고 다녔기 때문에 정체가 잘 발각되지 않는다는 이점이 있었다.

호카시(放下師)
지금으로 따지자면 길거리 곡예사. 마술 등을 선보이며 어른부터 어린이까지 많은 사람들로부터 정보를 수집했다.

상인
돌아다니면서 물품을 파는 행상인. 큰 저택에 드나들 수 있었다. 과자장수나 약장수로 변장하는 닌자가 많았다고 한다.

쓰네노카타(常之形, 서민)
일반 마을 주민뿐 아니라 무사나 농민으로도 변장했다. 적지에 오래 거주하며 주민들과 친해져서 정보를 수집했다.

> **닌자 FILE**
>
> **절로 고개가 숙여지는 박진감 넘치는 연기력!**
> 때로는 병자로 변장하기도 했던 시치호데. 병자다운 분위기를 자아내기 위해 일부러 몸을 상하게 했다. 또한 맹인이나 걸인으로 위장하기 위해 물고기 비늘을 눈에 붙이기도 했다.

2장

인술의 법도 **10**

감정과 욕망을 뒤흔들어 적의 심리를 자유자재로 조종했다

해당 시대	해당 목적
무로마치 후기 · 센고쿠 초기 · 센고쿠 중기 · 센고쿠 후기 · 에도 초기	잠입 · 정보 수집 · 암살 · 도주 · 공격 · 전달

✦ 감정과 욕망을 이용해 상대를 마음대로 조종한다

닌자는 지금으로 따지자면 스파이로, 주로 적지에 잠입해 첩보·모략 활동을 펼쳤다. 이러한 활동에 필요한 것은 상대방의 감정을 교묘하게 조종하는 기술이다. 닌자는 '오정오욕五情五欲의 이치'라는 기술을 구사해 적을 농락했다.

'오정五情'이란 인간이 지닌 희로애락에 공포를 더한 다섯 가지 감정이며 '오욕五欲'이란 식, 성, 명예, 재산, 풍류에 관한 다섯 가지 욕심을 말한다. 다시 말해 상대방의 감정과 욕심을 이용해 마음대로 조종했다는 뜻이다.

오정의 이치1에서 기쁨의 감정을 조종하는 기술을 '희차술喜車術'이라 하는데, 상대방을 치켜세워 정보를 끌어낸다. '노차술怒車術'은 상대를 화나게 해 냉정을 잃게 하고, '애차술哀車術'은 상대방의 동정심을 이용하며, '낙차술楽車術'은 상대방을 즐겁게 해서 조종하고, '공차술恐車術'은 상대방에게 겁을 줘서 따르게 하는 기술이다.

오정의 이치를 사용할 때는 반드시 상대방의 성격을 간파할 줄 알아야 한다. 노차술은 성격이 급한 상대에게 효과적이고, 공차술은 소심한 사람에게 효과적으로, 기술마다 잘 먹히는 상대가 따로 있었다.

오욕의 이치 역시 상대방의 인간성을 파악한 후 어떠한 욕심이 많은지를 꿰뚫어보아야 했다. 상대방이 식탐이 많다면 상대가 좋아하는 음식 등을 이용하는 '식食', 상대가 좋아하는 남성이나 여성을 이용하는 '성性', 출세욕, 명예욕을 가진 상대라면 '명성名聲', 금전욕이나 물욕을 이용하는 것은 '재산財産', 상대의 취미나 흥미가 있는 분야를 이용하는 것이 '풍류風流'다. 풍류를 이용해 상대방과 대화를 풀어나가기 위해 온갖 재주에 능통해진 닌자도 있었다고 한다.

닌자는 상황이나 상대에 맞게 오정의 이치와 오욕의 이치를 가려서 사용했지만 오욕을 자극해서 오정을 움직이기도 했다. 또한 오정에서의 감정 변화가 일시적인 데 비해 오욕의 효과는 오래 지속된다는 특징도 있었다.

---

1 오차술五車術이라고도 한다

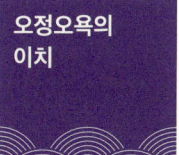

오정오욕의 이치

감정이나 욕심을 파고들어 적을 농락하는 기술

닌자라 하면 뛰어난 신체 능력에만 주목하기 마련이다. 하지만 이들은 사람을 마음대로 조종하는 심리 전술에도 탁월했다.

오정(五情)의 이치

희로애락에 공포를 더한 다섯 가지 감정. 이러한 감정을 교묘하게 이용해 자신의 임무를 유리하게 이끌었다.

희차(喜車)의 이치
상대를 치켜세워 기분을 좋게 만든 뒤 다양한 정보를 끌어낸다.

노차(怒車)의 이치
일부러 상대를 화나게 해 평정심을 잃게 한다

애차(哀車)의 이치
일부러 동정을 유도하는 언동을 구사해 상대방의 마음을 장악한다.

낙차(楽車)의 이치
상대를 즐겁게 해서 마음을 터놓게 한 뒤 빈틈을 파고든다.

공차(恐車)의 이치
위협해서 말을 듣게 하는 기술. 소심한 사람일수록 효과적이다.

오욕(五欲)의 이치

인간이 지닌 식, 성, 명성, 재산, 풍류라는 다섯 가지 욕심을 역이용해 적을 자신의 마음대로 조종했다.

식(食)의 이치
상대가 좋아하는 먹거리를 이용해 마음대로 조종한다.

성(性)의 이치
호감이 가는 인물을 소개해서 마음대로 조종한다.

명성(名聲)의 이치
출세나 명성을 미끼로 삼아 배반케 하거나 조종한다.

재산(財産)의 이치
부자가 되고 싶어 하는 사람의 욕심을 자극하는 기술.

풍류(風流)의 이치
상대의 취미를 통해 의기투합해 마음을 장악한다.

2장

기본적인 걸음걸이는 뒤꿈치를 세운 채 네발로 걷기

해당 시대					해당 목적					
무로마치 후기	센고쿠 초기	센고쿠 중기	센고쿠 후기	에도 초기	잠입	정보 수집	암살	도주	공격	전달

✦ 상황에 따라 가려 쓰는 소리가 나지 않는 여러 걸음걸이

닌자는 적에게 들키지 않게끔 소리를 내지 않고 걷는 '보법'이라 불리는 특별한 기술을 익히고 있었다. 지금도 일본에서는 도둑 따위가 살금살금 걷는 모습을 '누키아시拔き足, 사시아시差し足, 시노비아시忍び足'라고 표현하는데 이는 닌자 특유의 걸음걸이를 가리키는 말이다.

인술 전서인『쇼닌키』에는 닌자의 보법으로 '발걸음 10개조'라는 항목이 있다. 앞서 언급한 '누키아시', 다시 말해 '뽑는 걸음' 역시 그중 하나로, 진창에서 발을 뽑아내듯이 높게 들어 올린 후 발끝부터 천천히 내리는 걸음걸이를 가리킨다. 비결은 다리를 내릴 때 새끼발가락부터 살짝 바닥에 대고 서서히 체중을 엄지발가락 쪽으로 옮기는 것이다. 이러면 발소리를 억누를 수 있다.

그 외에도 발끝을 천천히 지면에 닿게 하는 '뜬 걸음', 허벅지 안쪽이 서로 스치게끔 걷는 '죄는 걸음', 강을 건널 때 징검돌을 점프해서 건너듯이 걷는 '뛰는 걸음', 한 발로 껑충껑충 뛰듯이 걷는 '외다리 걸음', 성큼성큼 걷는 '큰 걸음', 좁은 보폭으로 걷는 '작은 걸음', 조금씩 빠르게 발을 내딛는 '종종걸음', 잰걸음인 '달음질 걸음', 벽이나 담장에 등을 기대는 '옆 걸음'이 있다.

가옥의 마루 밑이나 천장 위처럼 서서 걷기 어려운 장소에서는 네발로 기어서 이동하는 '개 걸음'이 사용되었다. 이는 개가 달리는 모습을 관찰해서 고안해 낸 것으로, 발소리를 더욱 확실하게 지우기 위해 뒤꿈치를 들고 네발로 걷는 '여우 걸음'이라는 파생형도 있었다.

이러한 보법은 하나같이 혹독한 수행 끝에 터득한 기술이지만 그중에서도 습득하기 어렵다고 여겨진 보법은 '심초토보深草兎步'였다. 가장 소리가 나지 않는 걸음걸이로, 자고 있는 적의 머리맡을 걸어갈 때 등에 이용되었다. 몸을 웅크린 채 두 손바닥을 바닥에 짚고, 손등에 두 다리를 얹어서 손으로 나아가는 몹시 독창적인 보법이었다.

보법

발소리를 지우는 닌자 특유의 걸음걸이

상대방에게 발각되고 말았다간 닌자로서 실격이다. 걸음걸이 하나에도 철두철미했던 닌자들은 다양한 보법을 만들어냈다.

뜬 걸음
발끝을 천천히 지면에 붙이는 걸음걸이. 낙엽이 쌓인 산길 등에서는 소리가 나기 때문이 이 보법을 사용했다.

옆 걸음
벽이나 담장에 등을 붙인 걸음을 옆 걸음이라고 불렀다. 샛길을 걸으므로 기척을 느끼기 어려우며 배후를 걱정할 필요도 없었다.

심초토보(深草兎歩)
두 손등 위에 발을 얹어서 걷는 방법. 자고 있는 사람의 바로 곁을 지나더라도 깨지 않는다는 닌자의 비술.

여우 걸음
여우의 걸음걸이를 본뜬 것으로, 뒤꿈치를 든 채 네발로 걷는 보법이다. 마루 밑이나 천장 위를 걸을 때 사용되었다.

12 장거리 임무에 대비해 꾸준히 달리기 훈련을 했다

해당 시대
무로마치 후기 | 센고쿠 초기 | 센고쿠 중기 | 센고쿠 후기 | 에도 초기

해당 목적
잠입 | 정보 수집 | 암살 | 도주 | 공격 | 전달

✦ 열 시간 동안 200km를 달리는 경이로운 지구력을 뒷받침해준 인술

멀리 떨어진 지역에 한발 앞서 정보를 전달하는 것 역시 닌자의 중요한 임무였다. 센고쿠 시대, 도요토미 히데요시를 섬겼던 닌자 중 하나는 위타천[1]이라는 별명이 있었는데, 약 열 시간 만에 200km를 달렸다고 한다. 해마다 설에 개최되는 하코네 역전 마라톤에서는 열 명이 대략 11시간 만에 217km를 주파한다는 사실을 생각해보면 얼마나 경이로운 속도와 지구력을 자랑했는지를 알 수 있다.

닌자가 장거리를 달릴 때 사용하는 기술은 '이중 호흡법'이라 불리는 호흡법이었다. '마시기, 내뱉기, 내뱉기, 마시기, 내뱉기, 마시기, 마시기, 내뱉기'의 리듬을 반복하는 호흡법으로, 산소를 더욱 많이 들이마실 수 있는 방법으로 여겨졌다. 또한 일정한 리듬을 유지하면 잡념을 떨쳐버린 채 달릴 수 있었다.[2]

운동 효율을 중시한 주법도 사용되었다. 평소에는 몸의 중심을 축으로 상체를 좌우 교대로 비틀면서 달리는 반면, '난바 달리기'라 불리는 주법에서는 착지하는 발 쪽의 허리와 무릎을 진행방향으로 움직여서 골반의 회전을 최소화해 체력 소모를 막았다.[3]

그 외에도 피로를 막기 위한 방법으로 먼 곳 대신 가까운 곳을 보고 달리기, 턱을 목에 붙이고 달리기, 배꼽에 매실절임을 붙이고 달리기 등이 사용되었다고 한다.

닌자들은 한층 빠르게, 더욱 오래 달릴 수 있게끔 다양한 기술을 고안해냈지만 뒷받침해줄 체력이 없다면 어떠한 기술을 구사한들 먼 거리를 달리지 못한다. 닌자들은 어린 시절부터 주력을 단련하는 훈련으로 등에 긴 천을 매달고 그 끄트머리가 땅에 닿지 않는 속도로 달리는 훈련을 실시했다고 한다. 천의 길이는 1반(약 12m)이나 되었다고 한다. 일상의 훈련으로 터득한 경이로운 체력이 있었기에 더욱 효율적으로 달리기 위한 기술을 살릴 수 있었으리라.

---

1 발이 빠른 불교의 신
2 p.31 참조
3 p.31 참조

주법

오랫동안 빨리 달릴 수 있도록 온갖 아이디어를 짜냈다

닌자들은 임무를 완수하기 위해 장거리 이동도 불사해야 했다. 따라서 지구력 단련은 필수 사항이었다.

가까운 곳을 보고 달리기
가까운 곳을 보고 달리면 턱의 위치가 낮아지고 호흡이 안정된다.

이중 호흡법
일정한 리듬에 따라 숨을 내뱉고 마시는 기술을 익혔다.

매실절임
매실절임을 배꼽에 붙이면 빠르게 달릴 수 있다고 전해졌다.

난바 달리기
오른팔과 오른다리, 왼팔과 왼다리를 동시에 뻗는 주법은 체력을 온존하는 데 효과적이었다.

천을 이용한 수행
등 뒤에 늘어뜨린 천이 지면에 닿지 않게끔 달렸다. 천의 길이는 약 12m로, 공중에 뜨려면 빠른 속도가 필요했다.

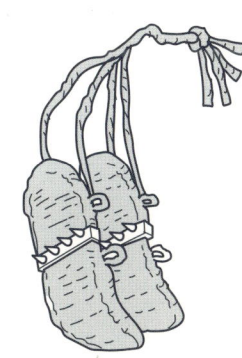

짚신
가파른 비탈길이나 얼어붙은 땅을 달릴 때는 짚신에 미끄럼 방지용 장치를 달았다. 넘어지거나 미끄러지지 않으므로 안정적으로 달릴 수 있었다.

발 빠른 닌자 구마와카

다케다 신겐의 가신인 오부 도라마사를 섬겼던 구마와카는 발 빠른 닌자로 유명했다. 어느 전투 중, 도라마사는 깜박 두고 온 깃발을 구마와카에게 가져오라 지시했다. 왕복 251km의 먼 거리를 겨우 4시간 만에 주파했다고 한다. 참고로 구마와카는 환술이 특기였던 가토 단조(※p.57)를 붙잡은 인물이기도 하다.

2장

올림픽 기록을 능가하는 닌자의 도약력

해당 시대	해당 목적
무로마치 후기 / 센고쿠 초기 / 센고쿠 중기 / 센고쿠 후기 / 에도 초기	잠입 / 정보 수집 / 암살 / **도주** / 공격 / 전달

✦ 초인적인 도약력을 위한 수행과 높은 곳에서 빠르게 이동하기 위한 비술

영화나 애니메이션에 나오는 닌자들은 몸이 무척 날렵해 높이 뛰거나 높은 곳에서 뛰어내릴 수 있다.

고가류 인술을 물려받아 '최후의 닌자'라고도 불리는 무술가 후지타 세이코 씨의 말에 따르면 닌자는 선 자리에서 위로는 2.73m, 앞으로는 5.46m나 뛸 수 있었다고 한다. 올림픽 육상 경기에서 높이뛰기 세계 신기록은 2.45m, 제자리멀리뛰기는 3.47m이니 이를 상회하는 경이로운 수치다. 또한 후지타 씨의 말에 따르면 닌자는 15m나 되는 높이에서 뛰어내릴 수도 있었다.

이처럼 날렵한 몸을 얻기 위해 '비신행飛神行'이라는 수행을 했다. 비신행에서는 도약에 필요한 상반신 강화를 목적으로 엄지와 검지로 물구나무를 서거나 나뭇가지에 매달려서 손가락이나 팔 힘을 길렀다.

또한 도약력 자체를 단련하기 위해 지면에 파놓은 구멍에서 뛰어오르는 훈련도 실시했다. 이 훈련에서는 도움닫기가 불가능하므로 오로지 다리 힘만으로 뛰어야 한다.

그리고 높은 곳에서 뛰어내리기 위해 공포심을 없애는 수행도 했다. 닌자가 읊는 주문으로 널리 알려진 구자호신법九字護身法1 역시 공포심을 극복케 해주는 효과가 있었다. 착지할 때는 두 다리뿐 아니라 두 팔도 지면에 붙여서 충격을 분산시켰지만 높은 곳에서 착지할 때의 충격은 상당하다. 따라서 충격에 견딜 수 있도록 발등으로 걸어서 발목을 단련하는 수행도 했다.

닌자가 높은 곳을 이동하는 기술을 '비술飛術'이라고 부른다. 비술로는 원숭이의 움직임을 흉내 내 나무에서 나무로 점프하는 '히엔飛猿', 외투 등의 천을 넓게 펼쳐서 공기의 저항을 받아 날아서 착지하는 '지오리가사地降傘' 등이 있었다. 작은 천을 사용하는 지오리가사로는 낙하산 같은 효과를 기대할 수는 없었지만 공포심을 완화시키는 효과는 있었으리라.

1　p.58 참조

초인적인 민첩성으로 높은 담장도 단번에 훌쩍

닌자들은 뛰어난 신체 능력을 지녔다. 특히 도약력은 올림픽 세계 기록을 거뜬히 제칠 정도였다.

비신행①
나뭇가지에 매달려서 팔 힘을 단련하는 수행법. 또한 나무에서 나무로 건너가는 히엔 훈련도 병행했다.

도약 동작
닌자는 울타리나 돌담을 넘을 때 하반신뿐 아니라 상반신도 함께 썼다. 이로써 더욱 높게 점프할 수 있었다.

비신행②
물구나무를 서는 훈련 역시 비신행의 하나. 엄지와 검지만으로 몸을 지탱해 팔뿐 아니라 손가락 힘도 강화했다.

닌자의 착지 동작
착지할 때 다리에만 하중이 걸리지 않게끔 두 팔을 짚었다. 착지의 충격이 분산되기 때문에 높은 곳에서 착지할 수 있었다.

(POINT) 두 팔을 짚어서 충격을 분산

스승은 너구리나 여우, 메추라기!? 의표를 찌르는 위장술

해당 시대: 무로마치 후기 | 센고쿠 초기 | 센고쿠 중기 | 센고쿠 후기 | 에도 초기

해당 목적: 잠입 | 정보 수집 | 암살 | 도주 | 공격 | 전달

❖ 적의 의표를 찌르는 은신 기술

적지에 잠입한 닌자에게 가장 피해야 할 사태는 적에게 발각당하는 것이다. 만일의 사태에 대비해 이들은 자신의 몸을 감추는 기술을 습득했다.

적의 눈을 속이고 몸을 감추는 기술을 '은형술隱形術'이라고 부른다. 그중 하나가 '메추라기 은신'이다. 적에게 엉덩이를 향한 채 팔다리와 머리를 움츠려 웅크리는 것이다. 메추라기처럼 몸을 웅크린다 하여 이러한 이름이 붙었다. 몸을 숨길 곳이 없을 때 사용하는 기술로, 바위 등에 몸을 붙이는 경우가 많았다. 또한 허리를 구부려 머리를 감추는 것은 하얀 살결을 감추기 위함이다. 어둠 속에서는 얼굴이나 눈의 흰자가 눈에 잘 띄므로 발각되기 쉽다.

참고로 얼굴을 가려서 시야를 차단하는 데에는 공포심을 억누르는 효과도 있었다. 적이 근처에 있다는 공포를 이겨낼 수 있다면 호흡도 안정되므로 교묘히 기척을 숨길 수 있다. 적의 입장에서 본다면 '이런 곳에 있을 리 없지'라는 심리를 찌른 은신 기술이라 할 수 있으리라.

'관음 은신'은 옷자락으로 얼굴을 가린 채 벽이나 나무 뒤에 몸을 붙이고 서는 기술이다. 얼굴을 가린 것 외에는 그저 서 있을 뿐이지만 의외로 잘 들키지 않았다. '침입자는 몸을 숨기고 있을 터'라는 선입견을 역이용해 나무와 동화되는 기술이다.

'너구리 은신'이라 하여 나무 위로 숨는 기술도 있다. 이는 위쪽으로는 잘 주의를 기울이지 않는다는 심리를 노린 기술이다. 나무 위에서는 상대방의 움직임을 파악하기 쉽다는 장점도 있었다. 본래 너구리는 나무를 잘 오르지 못하므로 '너구리가 나무 위에 있을 리 없다'는 심리에서 붙여진 이름이다.

또 한 가지, 닌자의 대표적인 기술로 '변신술'이 있다. 적이 습격했을 때 통나무 따위를 대신 공격하게 한 후 그 틈에 도망치는 것이다. 영화 등으로 친숙한 기술이므로 아시는 분도 많으리라.

은형술

적으로부터 몸을 숨기기 위한 여러 기술

닌자의 본분은 기척을 감추는 것이기에 적에게 발각당하는 일은 용납되지 않는다. 따라서 이들은 날마다 몸을 숨기는 기술을 연마했다.

너구리 은신
나무 위로 올라가서 숨는 기술. 위쪽으로는 주의를 잘 기울이지 않으므로 적의 맹점을 찌른 은형술이라 할 수 있다. 실제로는 갈고리 등을 이용해 재빠르게 나무에 올랐다.

메추라기 은신
팔다리를 오므려서 웅크리는 기술. 시야가 차단되므로 마음이 진정되고 몸의 움직임을 최소한으로 억제할 수 있었다.

여우 은신
연잎을 머리에 얹은 채 물 속에 숨는 기술. 멀리서 보면 물 위에 떠 있는 잎처럼 보일 뿐이므로 잘 발견되지 않는다.

관음 은신
벽이나 나무 뒤에 몸을 붙이고 소맷자락으로 얼굴을 가렸다. 눈은 관음보살처럼 게슴츠레하게 뜬 채 움직이지 않는 것이 포인트.

> **닌자 FILE**
>
> **닌자는 순간이동이 가능했다!?**
> 은형술에는 '축지법'이라 불리는 기술도 있었다. 이는 순간적으로 멀리 떨어진 곳까지 이동하는 기술인데, 아마도 상대의 의표를 찌르는 몸놀림을 선보였을 것으로 생각된다.

15 적으로부터 도망칠 때 불을 질러서 발을 묶었다

해당 시대: 무로마치 후기 | 센고쿠 초기 | 센고쿠 중기 | 센고쿠 후기 | 에도 초기

해당 목적: 잠입 | 정보 수집 | 암살 | **도주** | 공격 | 전달

◆ 적을 속이고 방심을 유도한다.
불과 물을 사용한 둔주술

임무 중, 불운하게도 적에게 발각되었다면 무슨 수를 써서라도 도망쳐야 한다. 닌자는 다양한 둔주술[1]을 보유했지만 그중에서도 '화둔술'과 '수둔술'이 유명하다.

'화둔술火遁術'은 그 이름에서 알 수 있듯이 불을 이용해 도망치거나 숨는 기술이다. 저택이나 진지 등에 불을 질러서 적이 동요한 틈에 도망치는 것이다. 때로는 화약을 터뜨릴 때 나는 큰 소리로 상대의 전의를 꺾거나 풀밭을 불태워서 자신과 적 사이에 불의 장벽을 만들어 발을 묶기도 했다.

닌자는 화약에 대한 풍부한 지식을 대대로 전수받았다. 화약의 주된 재료인 초석에 숯이나 황을 섞어서 만드는 화약 제조법은 닌자의 마을에서는 비전 중의 비전이었다고 한다. 조합 비율을 조절해서 위력을 자유자재로 바꿀 수 있었던 닌자는 적에게 불꽃 세례를 선사하는 '도리비카타取火方'나 밟으면 폭발하는 '우메비埋め火', 연속으로 큰 소리를 내는 '햐쿠라이쥬百雷銃' 등, 다양한 화기를 이용했다고 한다.

'수둔술水遁術'은 물을 이용한 둔주술이다. 성을 둘러싼 해자나 강, 연못 등에 몸을 숨기는 기술로, 뛰어난 운동 능력을 지닌 닌자만의 도주 기술이라 할 수 있다. 물속을 이동할 때는 최소한의 움직임으로 소리나 물보라를 만들지 않는 '누키테抜き手'라는 수영법이 사용되었다. 또한 활이나 철포로 적과 맞서 싸울 수 있게끔 두 손을 사용하지 않는 선헤엄도 특기였다고 한다.

커다란 돌을 품속에 넣어 물속에서 걷기도 했다. 어째서 일부러 바닥을 걷는 걸까 싶겠지만 잠영보다 체력의 낭비가 적으므로 결과적으로는 오랫동안 잠수가 가능했던 모양이다.

다만 물속에 들어가는 경우는 매우 위급한 상황으로, 자주 사용된 '수둔술'은 큰 돌을 던져서 물속에 뛰어든 것처럼 착각하게 한 틈에 도망치는 기술이 아니었을까.

---

1 '둔遁'은 달아난다는 뜻으로, 둔주술은 도망치는 기술을 의미한다

화둔·수둔

불과 물을 이용한 도주용 인술

닌자에게는 싸우기보다 도주가 우선이었다. 도망치기 위한 인술은 무척 많지만 '화둔술'과 '수둔술'이 특히 유명하다.

화둔술(火遁術)
닌자들은 화약에 관한 지식이 풍부했다. 풀밭의 풀을 불태워서 불의 장벽으로 추격자의 발을 묶었다.

수둔술(水遁術)
성 주변에 마련된 해자나 강에 잠수해서 몸을 숨긴다. 오랫동안 잠수할 수 있도록 평소에도 폐활량을 키우는 데 힘썼다.

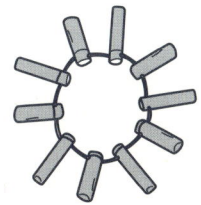

하쿠라이쥬(百雷銃)
폭죽처럼 큰 소리가 연속해서 나는 화기. 적 앞에서 터뜨리면 당연히 놀랄 것이다. 닌자는 그 틈을 노려서 도주를 꾀했다.

붓순나무 꽃
물에 들어갈 때는 붓순나무라고 하는 식물의 기름을 몸에 발랐다. 붓순나무 기름이 기름막을 형성해 체내의 열이 잘 달아나지 않게 된다.

> **닌자 FILE**
>
> **대나무 통을 써서 물속에 잠수하는 모습은 허구였다!?**
> 수둔술을 사용할 때 대나무 통을 물 위로 내밀어 숨을 쉬는 닌자의 모습을 만화 등에서 본 적이 있으리라. 실제로는 숨을 쉬기 어려울 뿐 아니라 적에게 발각되기도 쉬우므로 쓰이지 않았다고 한다.

16

날씨나 자연, 동물, 벌레까지! 사용할 수 있으면 무엇이든 사용하는 도주 기술

해당 시대	해당 목적
무로마치 후기 / 센고쿠 초기 / 센고쿠 중기 / 센고쿠 후기 / 에도 초기	잠입 / 정보 수집 / 암살 / 도주 / 공격 / 전달

✦ 주변의 상황을 분석해 활로를 개척하는 둔주술

'화둔술'과 '수둔술' 외에도 닌자는 수많은 둔주술을 익혔다.

둔주술은 크게 '천둔십법天遁十法', '지둔십법地遁十法', '인둔십법人遁十法'의 세 가지로 나뉘는데, 각각 열 가지 기술이 있었다.

'천둔십법'은 날씨를 이용한 기술이다. 해를 등져서 적이 시력을 잃었을 때 도망치는 '일둔日遁', 달이 구름에 가려져서 주변이 어두컴컴해진 틈에 도망치는 '월둔月遁', 돌풍에 일어난 모래먼지에 몸을 숨기는 '풍둔風遁', 비나 번개를 이용하는 '우둔雨遁'과 '뇌둔雷遁' 등, 자연현상에 편승해 도주하는 방식이다. 우연히 일어나는 자연현상에 의지하다니 괜찮을까 싶기도 하다. 하지만 닌자들은 아무리 궁지에 몰렸다 해도 냉정하게 주변을 관찰해 돌파구를 찾아야 했다.

'지둔십법'은 지상의 자연물을 이용하는 기술이다. 모래나 흙을 뿌려서 상대의 시야를 빼앗는 '토둔土遁', 세워져 있는 목재를 무너뜨려 상대방의 진로를 차단하는 '목둔木遁', 풀을 엮어서 발을 붙잡는 '초둔草遁', 끓는 물이 든 가마솥 따위를 뒤집어서 상대방이 당황한 사이에 도망치는 '탕둔湯遁' 등이 있다. 참고로 앞서 언급된 '화둔'과 '수둔'은 '지둔십법'에 포함된다.

'인둔십법'은 사람이나 동물을 이용해 도망치는 방법이다. 도망치는 도중에 추격자로 변장해서 "수상한 자는 저쪽으로 도망쳤다!"고 소리쳐서 적의 주의가 다른 곳으로 향했을 때 반대 방향으로 도망치는 기술 외에도 노인이나 어린아이, 여성으로 변장하는 기술도 있었다. 또한 동물을 사용한 기술도 많은데, 예를 들어 말을 놀라게 해 날뛰는 사이에 도망치는 '수둔獸遁', 길가의 뱀이나 개구리를 던지는 '충둔虫遁' 등이 있었다.

도주하는 상황은 기본적으로 적지에서 벌어지므로 지리적으로나 수적으로나 적이 압도적으로 유리했다. 이러한 상황에서 도망치려면 모든 것을 이용해야 했다.

천둔

날씨를 이용해서 추격자를 뿌리쳤다

닌자들은 도망치기 위해서라면 무엇이든 이용했다. 햇빛이나 번개 등, 날씨를 아군 삼아 도망치기도 했다고 한다.

일둔(日遁)
해를 등져서 적의 눈이 흐려졌을 때 도망친다. 닌자는 평소에 날씨를 읽는 훈련을 했다고 한다.

월둔(月遁)
달이 구름에 가려지면 주변은 당연히 어두컴컴해진다. 그 순간의 틈을 노려서 도망치는 기술이다.

무둔(霧遁)
안개가 끼면 시야가 극단적으로 좁아진다. 무둔은 그 틈에 도망치는 기술이다. 닌자는 안개가 끼는 타이밍도 숙지하고 있었다.

뇌둔(雷遁)
천둥 소리에 놀랐을 때를 노려 도망친다. 또한 천둥과 번개를 모방해 화약으로 큰 소리와 빛을 내서 도망치기도 했다.

지둔

써먹을 수 있다면 주변의 풀까지 사용한다!

지둔(地遁)은 사물이나 지형을 이용해 도망치는 방법이다. 마름쇠나 연기를 사용해 도망치는 방법은 지둔 중 하나로 꼽힌다.

초둔(草遁)
잡초가 무성한 장소에서는 풀을 엮어서 함정을 설치하는 방법이 효과적이었다. 추격자의 발이 풀에 걸린 틈에 도망쳤다.

옥둔(屋遁)
건물 마루 밑에 숨는 기술이다. 숨을 죽인 채 기척을 지워서 적이 사라지기를 기다리다 안전이 확보되면 탈출했다.

연둔(煙遁)
도리노코(鳥の子)라 불리는 일종의 연막탄을 던져서 적이 놀란 틈에 도망쳤다. 참으로 닌자다운 기술이라 할 수 있다.

금둔(金遁)
돈을 뿌려서 추격자가 줍는 틈에 도망치는 기술. 마름쇠를 뿌리는 것도 금둔의 일종이었다.

마름쇠의 종류

 목제   천연 마름   철제

물풀인 마름의 열매를 말린 천연 마름쇠, 나무나 대나무를 깎아서 만든 마름쇠, 철제 마름쇠가 있었다. 철제는 무거워서 휴대하기 불편했으므로 도주로에 미리 뿌려두는 방식을 사용했다.

인둔

추격자를 당황케 하고 속이는 둔주술

닌자가 펼치는 둔주술은 무척 다채로운데, 사람이나 동물을 이용한 기술도 있었다. 이를 통틀어 인둔(人遁)이라 부른다.

수둔(獸遁)
말에게 위해를 가해서 날뛰게 한 뒤, 소란이 벌어진 틈에 도망치는 기술이다. 쥐나 고양이를 품에서 꺼내는 방법도 있었다.

충둔(蟲遁)
뱀이나 지네, 거미 따위를 던져서 적이 겁을 먹은 틈에 도망치는 기술이다. 징그러운 동물일수록 효과적이었다.

노둔(老遁)
노인을 미끼로 쓰거나 노인으로 변장해서 도주를 꾀하는 기술이다. 여성으로 변장할 때는 여둔(女遁)이라고 불렀다.

천둔	일둔(日遁) 월둔(月遁) 성둔(星遁) 운둔(雲遁) 무둔(霧遁) 뇌둔(雷遁) 전둔(電遁) 풍둔(風遁) 우둔(雨遁) 설둔(雪遁)
지둔	목둔(木遁) 초둔(草遁) 화둔(火遁) 연둔(煙遁) 토둔(土遁) 옥둔(屋遁) 금둔(金遁) 석둔(石遁) 수둔(水遁) 탕둔(湯遁)
인둔	남둔(男遁) 여둔(女遁) 노둔(老遁) 유둔(幼遁) 귀둔(貴遁) 천둔(賤遁) 금둔(禽遁) 수둔(獸遁) 충둔(蟲遁) 어둔(魚遁)

오둔*삼십법
닌자의 둔주술은 천·지·인으로 나누어 도합 30종에 달했다.

*목, 화, 토, 금, 수의 오행을 가리킴

'분신술'의 정체는 암시를 이용한 트릭이었다

해당 시대					해당 목적				
무로마치 후기	센고쿠 초기	센고쿠 중기	센고쿠 후기	에도 초기	잠입	정보 수집	암살	도주	공격	전달

◆ **환술은 사람의 착각을 교묘하게 이용했을 뿐**

닌자의 비술 중 가장 먼저 떠오르는 기술이 무엇이냐고 묻는다면 대부분 분신술을 꼽지 않을까. 닌자 영화 등에서도 종종 등장하는 이 기술은 한 사람이 여러 명으로 나뉘어서 동시에 공격하는 기술이다. 하지만 아무리 혹독한 수행을 쌓았다 하더라도 실제로 분신을 만들기란 도저히 불가능하다.

분신술의 원리에 대해서는 몇 가지 가설이 있다. 그중 하나는 잔상에 따른 눈의 착각을 이용했다는 설이다. 빠르게 달리다 아주 잠시 움직임을 멈춘 뒤 다시 이동한다. 이를 반복하면 움직임을 멈춘 지점에 잔상이 남아 마치 분신이 생겨난 것처럼 보인다는 것이다. 또한 대역을 사용했다는 설도 있다. 닌자는 '당'이라 불리는 혈연관계로 맺어진 동족으로 조직되는 경우가 많았기 때문에 용모가 비슷한 사람이 있더라도 전혀 이상하지 않다.

가장 유력시되는 설은 상대방에게 '분신이 보인다'는 암시를 걸었다는 것이다. '팔방분신八方分身'이라 불리는 기술로, 최면술로 '적에게 둘러싸여 있다'는 암시를 거는 일종의 환술에 가까운 기술이었다고 한다. 일설에 따르면 마약을 이용했을지도 모른다.

그렇다면 환술이란 대체 무엇일까. 이는 인간의 착각이나 믿음을 이용한 기술로, 지금으로 따지면 마술에 가까운 기술이었다고 한다.

인술과 환술은 전혀 다르지만 닌자의 변장술인 '시치호데七方出' 중 하나로 마술이나 곡예를 선보이는 호카시가 있다는 사실로 미루어보아 마술에 정통한 닌자가 있었으리란 것도 쉽게 상상이 가능하다.

진실이 무엇이든 분신술에 대한 기록은 거의 남아 있지 않아 진위 여부는 확실하지 않다. 다만 닌자가 모종의 방법을 이용해 분신이 생겨난 것처럼 위장했음은 분명하리라.

환술

사람의 마음을 조종하는 닌자의 최고 비기!
분신술은 인술 중에서도 가장 유명한 기술이다. 환술의 하나로 꼽히는데, 닌자는 그 외에도 여러 신기한 기술을 사용했다.

분신술(分身術)
한 사람이 여러 명으로 나뉘는 기술. 잔상이라는 설과 대역 설 등이 있지만 암시를 건 최면술이라는 설이 유력하다.

탄우술(呑牛術)
살아 있는 소 한 마리를 집어삼키는 것처럼 보이는 환술. 환술사인 가토 단조의 특기였다고 한다.

쥐로 변하는 환술
책형을 명받은 센고쿠 시대의 환술사 가신코지 (果心居士)는 쥐로 변신해 포승줄을 풀고 도주를 꾀했다고 한다.

환술이 너무 뛰어나서 죽임을 당한 가신코지와 가토 단조

가신코지와 가토 단조는 모두 뛰어난 환술 때문에 위험 인물로 간주되어 사형에 처해졌다. 가신코지는 오다 노부나가 등 많은 무장 앞에서 환술을 선보여 절찬을 받았으나 도요토미 히데요시의 비밀을 폭로했기 때문에 사형에 처해졌다. 이때 그는 쥐로 모습을 바꿔서 탈출했다는 이야기가 전해진다. 그리고 가토 단조는 우에스기 겐신을 섬기고자 시험을 받았지만 과제였던 중신의 장도(長刀)를 빼앗고 덤으로 경비견까지 죽인 후 딸을 납치하는 기술을 선보였다. 적으로 두었다간 위험하리라고 생각한 겐신은 단조를 죽이려 했지만 단조는 그 전에 탈출했다. 이후 다케다 신겐에게로 향하지만 신겐에게도 두려움을 산 단조는 신겐의 가신에게 죽임을 당하고 말았다.

18 정신통일이나 재앙을 쫓기 위해 정해진 포즈로 주문을 읊었다

해당 시대: 무로마치 후기 | 센고쿠 초기 | 센고쿠 중기 | 센고쿠 후기 | 에도 초기

해당 목적: 잠입 | 정보 수집 | 암살 | 도주 | 공격 | 전달

✦ 정신을 통일해 공포심을 떨쳐내기 위한 주문과 인

만화 등에도 등장하는 '임병투자개진열재전臨兵鬪者皆陣列在前'이라는 주문이 있다. '구자호신법九字護身法'이라는 주문으로, 닌자가 정신을 통일하기 위해, 혹은 재앙을 쫓기 위해 읊었다.

인술의 기원 중 하나는 수험도라는 산악신앙으로, 이 수험도에서 도입한 주문이 바로 구자호신법이다. 한층 더 거슬러 올라가보면 수험도 신앙에는 중국에서 전래된 밀교의 요소가 담겨 있는데, 이 아홉 글자의 기원 역시 중국으로 생각된다. 중국의 도교에서 쓰이는 악귀를 쫓는 주문이 일본으로 전래되어 밀교나 수험도에 도입된 후, 닌자까지 사용하게 된 것이다.

'임병투자개진열재전'을 해석하면 '싸움에 임하는 투사는 모두 진을 짜서 앞으로 나서라'라는 뜻이 된다. 싸울 때는 선두에 서서 나아가라는 의미로, 주문을 읊는 데에는 사기를 진작시키거나 두려움을 없애는 효과, 전투를 승리로 이끄는 효과가 있다고 믿었다.

구자九字를 읊을 때는 두 손가락을 복잡한 형태로 꼬았다. 이를 '인印을 맺다'라고 표현한다. 낮에는 해를 향해, 밤에는 달을 향해 '임, 병, 투, 자, 개, 진, 열, 재, 전'이라고 읊으며 아홉 가지 인을 맺는데, 또 다른 방법으로 '구자를 베는' 방식도 있다. 오른손 검지와 중지를 뻗어서 칼 형태로 만든 뒤 구자를 읊으며 한 글자마다 가로 세로로 번갈아가며 선을 긋는 동작을 취한다(가로, 세로, 가로, 세로, 가로, 세로의 순서대로 가로 총 5회, 세로 총 4회). 이러면 인을 맺은 것과 동일한 효과를 얻을 수 있다고 여겼다.

구자호신법 외에는 '천룡호왕명승시수대원天龍虎王命勝是水大円'이라는 열 글자를 손바닥에 쓴 후 쥐거나 삼키는 동작을 하는 '십자비술十字秘術'이나 불교의 수호신인 마리지천의 힘을 빌리는 '옴 아니치 마리시에이 소와카'라는 주문 역시 닌자들이 자주 이용했다.

용기를 북돋기 위한 주문

'나는 괜찮아', '어떻게든 되겠지'라는 암시를 걸기 위해 닌자들은 아홉 글자로 이루어진 주문을 읊었다.

달을 향해 인을 맺는다

밤이라면 달, 낮이라면 해를 향해 인을 맺는 것이 규칙이었다.
전투에 앞서 정신을 안정시키고 집중력을 높이는 효과가 있었다.

구자호신법(九字護身法)

임(臨)
검지를 세우고 나머지 손가락은 깍지를 낀다.

병(兵)
검지로 중지를 감싸고 약지와 소지는 깍지를 낀다.

투(鬪)
왼손 검지에 오른손 검지와 중지를 꼬고 두 손가락 사이에 왼손 중지를 넣는다. 약지와 소지는 맞댄다.

자(者)
중지와 약지를 안쪽으로 깍지를 끼고 검지와 소지를 맞댄다.

개(皆)
모든 손가락을 깍지 낀다.

진(陣)
모든 손가락을 안으로 깍지를 낀다.

열(烈)
왼손 검지를 세우고 오른손으로 쥔다.

재(在)
삼각형을 만들 듯이 두 손의 엄지와 검지를 맞댄다.

전(前)
왼손을 가볍게 쥐고 왼손을 오른손으로 감싼다.

임무에 따른 압박감을 떨쳐내기 위한 주술과 점

해당 시대: 무로마치 후기 | 센고쿠 초기 | 센고쿠 중기 | 센고쿠 후기 | 에도 초기

해당 목적: 잠입 | 정보 수집 | 암살 | 도주 | 공격 | 전달

◆ 믿지는 않았지만 의지는 했다

앞서 닌자가 사용한 주문인 '임병투자개진열재전'을 소개했지만 그 외에도 닌자는 주술이나 점술을 활용했다.

3대 인술서 중 하나로 불리는 『시노비히덴』에는 '칸만 호로혼'이라는 범어梵語를 자신의 이마에 쓰고 '천상명현운상귀명정례天上鳴弦雲上帰命頂礼'라고 두 번 읊으면 어려움에서 벗어날 수 있다고 쓰여 있다. '칸만'은 부동명왕을 의미하며 '호로혼'은 자세한 의미는 밝혀져 있지 않으나 부처의 강한 힘을 나타낸다고 여겨진다. 즉, '칸만 호로혼'은 부처의 힘으로, 이 주술은 그 힘을 빌리는 셈이다.

마찬가지로 3대 인술서 중 하나인 『쇼닌키』에는 주술에 대해 다른 인술서보다 자세한 기록이 남아 있다. 적의 표적이 되지 않게 해주는 부적, 인간관계를 개선 혹은 악화시키는 부적, 전투에서 부상을 막아주는 부적 등이 소개되어 있는데, 이 책에서 부적에 대해 언급한 '부적의 효과를 기대하는 것은 어리석으나 내칠 이유도 없다. 때와 경우에 따라 사용하면 된다'라는 기술을 보면 닌자들이 주술의 효과를 곧이곧대로 믿지는 않았음을 알 수 있다.

닌자가 활용한 점술로는 중국에서 전래된 '팔문둔갑八門遁甲' 외에도 새끼줄로 점을 치는 '새끼줄 점', 1년 365일과 삼라만상을 상징하는 목걸이로 점을 치는 '곡옥 목걸이의 비전' 등이 있다. 자신의 신체를 사용한 '삼맥호신三脈護身', '안맥眼脈'이라는 점술도 있었다. 삼맥호신은 목 좌우와 두 손목의 맥을 짚어서 맥박이 흐트러져 있으면 조심해야 한다는 것이다. 또한 안맥은 눈시울을 손가락으로 꾹 눌렀을 때 평소에는 보여야 할 하얀 빛이 보이지 않을 경우에는 좋지 않은 일이 일어날 징조이므로 주의를 기울이라는 것이다.

점술에는 과학적 근거는 없지만 닌자들은 망설임을 떨쳐내고 과감하게 행동하기 위해 점술을 이용하지 않았을까.

주술

주술이나 점술로 신불에 도움을 구했다

닌자들은 신불의 가호를 받기 위해 주술이나 점술을 이용했다. 전란이 끊이지 않는 난세에서는 마음의 버팀목이 필요했으리라.

주술
천상명현운상귀명정례(天上鳴弦雲上帰命頂礼)라고 두 번 읊으면 부동명왕의 가호를 받아 어떠한 어려움에도 맞설 수 있는 힘이 생겨났다.

칸　만　호로혼

범어
자신의 이마나 목에 범어라 불리는 문자를 썼다. 범어는 인도의 밀교에서 유래하는데, 닌자는 그 영향을 강하게 받았다.

곡옥 목걸이의 비전(秘伝)
목걸이를 사용해 삼라만상을 점쳤다.

새끼줄 점
새끼줄을 손에 쥐고 어느 쪽을 잡는지에 따라 길흉을 점쳤다. 또한 사슴이나 멧돼지 등의 뼈를 이용해 점을 치기도 했다.

2장

쥐나 고양이 울음소리는 적의 주의를 분산시키는 수단

해당 시대: 무로마치 후기 | 센고쿠 초기 | 센고쿠 중기 | 센고쿠 후기 | 에도 초기

해당 목적: 잠입 | 정보 수집 | 암살 | **도주** | 공격 | 전달

❖ 써먹을 수 있다면 동물마저 써먹는 것이 닌자의 스타일

닌자도 사람이므로 아무리 혹독한 수행을 거쳤다 해도 완벽하게 기척을 지우기란 불가능했다. 소리를 내지 않으려 애를 써도 숨소리나 심장박동 소리 등, 최소한의 소리는 날 수밖에 없다. 그래서 미처 지우지 못한 소리를 다른 동물로 착각하게끔 동물의 소리를 흉내 냈다.

참고로 닌자가 천장 위에 잠입했을 경우에는 쥐의 울음소리를 흉내 냈다. 일본의 가옥에는 예나 지금이나 쥐가 둥지를 틀기 쉽다 보니 집주인이 어떤 소리를 들었다 해도 '찍찍' 하고 울면 위화감 없이 지나치게 할 수 있다.

또한 정원에 잠입했을 때는 고양이나 개 울음소리를 모방하면 그 뒤로 들려오는 소리도 동물의 소행으로 착각하게 된다.

인간은 정체 모를 존재에 대해서는 불안감을 품지만 아는 것에는 마음을 놓기 마련이다. 소리에 다소 위화감이 있더라도 동물의 소리를 들으면 '아까부터 무슨 소리가 들리던데 분명 조금 전에 울었던 동물이겠지' 하고 스스로를 납득시켜 버린다. 닌자는 그러한 심리적 허점을 찌르기 위해 일상생활에서 진지하게 동물의 울음소리를 연습했다.

이처럼 닌자들은 울음소리 흉내가 특기였지만 동물 자체를 이용하기도 했다. 자신의 정체를 감추기 위해 닌자들은 원숭이를 부리는 곡예사로 변장하는 경우가 있었는데1, 이때 사용하는 원숭이는 닌자의 파트너이기도 했다고 한다. 저택에 잠입할 때 원숭이에게 자물쇠를 열게 하는 등, 원숭이가 날렵하며 손을 쓸 수 있다는 점을 이용한 것이다.

또한 미리 준비해둔 쥐를 풀어서 자신이 숨어 있다는 사실을 감추기도 했다. 가옥에 잠입할 때는 마치 마술사처럼 품 속에 쥐를 숨겨놓고 있었던 것이다. 참고로 쥐 대신에 뱀이나 개구리를 숨겨두는 경우도 있었다.

1 p.39 참조

흉내 내기 기술

울음소리 흉내로는 따라올 사람이 없다!
적에게 자신의 존재를 들켰다간 목숨이 위험해진다. 따라서 적의 의식을 돌리기 위해 동물의 울음소리 흉내를 익혔다.

고양이 울음소리
정원에서 적에게 발각될 위기에 처했을 때는 고양이 울음소리를 흉내 냈다. 들고양이는 어디에나 있었으므로 위화감 없이 넘어갈 수 있었다.

쥐 울음소리
천장 위에 숨었을 때 적에게 발각당할 위기에 놓이면 쥐 흉내를 냈다. 또한 품에서 진짜 쥐를 꺼내기도 했다.

개 울음소리
예전에는 지금보다 들개가 많았고 개를 기르는 집도 많았다. 따라서 개 울음소리는 밖이라면 어디서나 위화감이 없었다.

21 중요한 사실을 기억하기 위해 일부러 몸에 상처를 냈다

해당 시대 무로마치 후기 | 센고쿠 초기 | 센고쿠 중기 | 센고쿠 후기 | 에도 초기

해당 목적 잠입 | 정보 수집 | 암살 | 도주 | 공격 | 전달

◆ 사물과 연관을 짓거나 스스로 상처를 내서…

적지에 잠입해 정보를 수집하는 것은 닌자의 중요한 임무 중 하나였지만 그 정보를 종이 따위에 써서 남기는 일은 없었으리라.

그 이유 중 하나로 닌자는 어두운 천장 위나 마루 밑 등에 숨어서 정보를 얻었으므로 글씨를 쓸 상황이 아니었다는 점이다. 또 하나는 정보를 종이 따위에 남겼다간 취조를 당하거나 관문에서 발견되어 닌자임이 발각될 위험성이 있기 때문이다. 이러한 이유로 닌자들은 정보를 쓰지 않고 머릿속에 빠짐없이 기억하는 방법을 택했다.

정보를 잊지 않기 위해 닌자들은 다양한 기억술을 고안해냈다.

이를테면 적의 규모나 병력 등의 수치를 기억해야 할 경우, 딱딱한 숫자의 나열을 기억하기란 쉽지 않다. 역사 수업 등에서 학생들이 동음이의어를 사용해서 암기를 하듯이 숫자를 무언가와 결부시켜야 했다. 그래서 닌자들은 '머리=1', '이마=2', '눈=3', '코=4' 등으로 신체 부위와 숫자를 연관시켜 '적병의 수는 머리·이마·눈=123명'이라는 식으로 기억하는 '연상법'을 이용했다. 여기에 '적은 머리가 크고 이마에 눈이 달려 있다' 등의 과장된 이미지를 더해 기억하기 쉽게 했다고 한다. 신체 부위뿐 아니라 '토란=1', '졸인 매실=2', '산초=3'이라는 식으로 첫 글자가 숫자와 동일한 음식물을 연관시켜서 외우기도 했다.

절대 잊어서는 안 되는 중요 정보의 경우 닌자가 의존했던 기술이 바로 '불망술不忘術'이다. 이는 정보를 떠올리며 칼 따위로 스스로의 몸에 상처를 내는 방법이었다. 사람은 상처를 보면 다쳤을 때의 상황을 선명히 떠올리게 된다. 이를 이용한 기술이 불망술로, 흉터를 본 닌자는 그 상처를 냈을 때의 정보를 떠올렸다.

연상법

메모하지 않아도 정확히 기억할 수 있다!
닌자들은 적의 문서를 훔쳐보는 경우가 많았다. 실물을 들고 돌아다녔다간 의심을 사기 때문에 독자적인 기억술을 사용해 머릿속에 주입했다.

1(이치)
토란(이모)

2(니)
졸인 매실(니우메)

3(산)
산초(산쇼)

4(시)
표고버섯(시이타케)

5(고)
우엉(고보)

연상법①
병력의 수나 출진일 등의 숫자는 좀처럼 외우기가 어렵다. 따라서 숫자를 비슷한 발음의 음식물로 치환해서 기억했다.

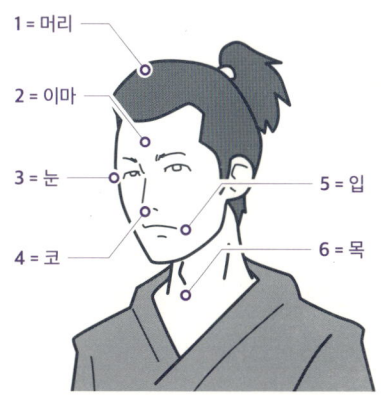

1 = 머리
2 = 이마
3 = 눈
4 = 코
5 = 입
6 = 목

연상법②
숫자를 얼굴 부위로 치환해서 기억하는 방법도 있었다. 숫자만 기억하는 것보다 잘 잊어버리지 않고 떠올리기도 쉬웠다.

불망술(不忘術)
자신의 몸에 상처를 내서 기억하는 방법. 아픔이나 공포 등이 동반된 기억은 잘 잊히지 않으므로 트라우마로서 오랫동안 기억할 수 있었다.

22 여자 닌자인 구노이치는 가공의 인물이었다

해당 시대: 무로마치 후기 | 센고쿠 초기 | 센고쿠 중기 | 센고쿠 후기 | 에도 초기

해당 목적: 잠입 | 정보 수집 | 암살 | 도주 | 공격 | 전달

✦ 정보 수집이나 남자 닌자들의 서포터로 활약한 여자 닌자 구노이치

여자 닌자들은 '구노이치くのいち'라는 명칭으로 알려져 있다. '여女'라는 한자를 분해하면 'く(구)', 'ノ(노)', '一(이치)'가 되기 때문에 '구노이치'로 불렸을 뿐 '구노이치'에 여자 닌자라는 의미가 있었던 것은 아니다.

일설에 따르면 최초로 여자 닌자를 휘하에 두었던 인물은 센고쿠 시대의 무장 다케다 신겐이었다고 한다. 말이 여자 닌자이지 실제로는 닌자복으로 몸을 감싼 여성이 아니라 '순회 무녀'라 불리는 이들이었다. 이들은 특정 신사에 몸담지 않고 무녀 복장으로 전국 각지를 순회하는 신의 사자였다. 관문을 자유롭게 오갈 수 있었으므로 적국의 정보를 수집하기에 적합한 존재였던 것이다. 참고로 무녀의 마을로 알려진 나가노현 도미시 네쓰에서는 무녀들이 지금도 조용히 제사를 올리고 있다.

또한 여자 닌자는 남자가 잠입하기 어려운 곳에서도 정보를 캐낼 수 있었다. 적진 내부로 들어온 여자 닌자가 짐을 가져오게 하면 그 짐에 이중으로 된 바닥을 만들어서 남자 닌자를 잠입시키는 '가쿠레미노隱蓑[1]술'도 사용했다.

'오욕의 이치'[2] 중 '성性'을 이용해서 정보를 얻기도 했다(정보원이 여성이거나 남성 동성애자일 경우에는 남자 닌자가 동일한 역할을 맡았다).

하지만 애당초 여자 닌자는 실존하지 않았다는 설도 있다. 닌자가 활약했던 시대에 여자 닌자의 존재를 언급한 기록이 없기 때문이다. 에도 시대의 인술서 『반센슈카이』에는 남자가 잠입하기 어려울 경우 여자가 대신 잠입한다는 '구노이치술'과 앞서 언급된 '가쿠레미노술'이 소개되어 있지만 이는 어디까지나 여성을 기용했다는 기술일 뿐 여자 닌자가 활약했다는 증거는 아니라는 것이 여자 닌자는 존재하지 않았다고 주장하는 이들의 의견이다. 즉, 영화나 만화에 등장하는 섹시한 여자 닌자는 창작의 산물일 가능성이 높다는 뜻이다.

---

1 뒤집어쓰면 몸이 투명해진다고 하는 상상 속의 도롱이
2 p.40 참조

구노이치

닌자가 꼭 남자여야 한다는 법은 없다
비구니 절이나 유곽 등, 남자가 잠입하기 어려운 곳에서는 여자 닌자가 활약했다. 그림자 같은 존재였던 닌자들을 남몰래 지원했다.

구노이치술①
하녀로서 적의 성에 잠입해 내부 정보를 수집했다. 어느 시대에나 여성들은 가십거리를 즐긴다. 하녀들의 이야기는 귀중한 정보원이었다.

구노이치술②
이야기를 훔쳐 듣더라도 여성이라면 적으로부터 의심을 살 일이 적다. 또한 방 청소를 하는 척하며 문서 따위를 훔쳐보았다.

가쿠레미노술(隱蓑術)
짐 속에 숨어서 적진에 잠입하는 기술을 '가쿠레미노술'이라고 불렀다.
여성의 소지품은 검사를 허술하게 했기 때문에 닌자들은 그 허점을 찔렀다.

> **닌자 FILE**
>
> **여자 닌자에게는 따로 닌자복이 없었다!?**
> 드라마를 보면 여자 닌자들은 남자 닌자들과 마찬가지로 닌자복을 입고 습격해오는 적을 차례차례 쓰러뜨린다. 하지만 실제로 그런 여자 닌자는 존재하지 않았으며 하녀 등 일반 여성처럼 차려입었다고 한다.

칼럼 ②

인술의 마음가짐을 시조 형태로 엮은 『요시모리햐쿠슈』

닌자의 마음가짐을 주제로 한 시조가 잔뜩

닌자의 마음가짐을 시조 형식으로 노래한 『요시모리햐쿠슈義盛百首』는 미나모토노 요시쓰네의 가신이자 닌자였던 이세 사부로 요시모리가 지었다고 한다. '닌자에게 중요한 것은 호기를 파악하는 것으로, 이는 적이 피로했을 때와 방심했을 때다'처럼 구체적인 행동 지침이 담긴 시조나 '무사는 언제나 긍지가 있어야 한다. 하늘을 거스르고 어찌 좋은 일이 있으랴'처럼 정신의 중요성을 설파하는 시조도 있는데, 닌자는 무사의 일원이므로 긍지를 지니라는 내용이다. 교훈을 노래한 시조는 '도가道歌'라고 하며 요시모리햐쿠슈에는 인술 외에도 축국蹴鞠이나 다도를 즐길 때 등의 마음가짐도 담겨 있다.

3장

닌자도구의 법도

닌자의 주된 임무는 정보 수집이었다. 성이나 저택에 잠입할 때 도움이 되는 물품들은 닌자도구라고 불렸다. 다만 휴대할 수 있는 개수에는 한계가 있으므로 임무에 맞춰서 도구를 소지했다고 한다. 이번 장에서는 닌자들의 필수적인 소지품부터 특수한 도구까지 모두 소개하겠다.

23 닌자복의 트렌드는 검은색이 아니라 남색이나 갈색이었다

해당 시대					해당 목적				
무로마치 후기	센고쿠 초기	센고쿠 중기	센고쿠 후기	에도 초기	잠입	정보 수집	암살	도주	공격	전달

✦ 창작물에 등장하는 새까만 닌자복은 실재하지 않았다?

영화나 만화에 등장하는 닌자들은 '닌자복'을 착용하고 있다. 눈만 내놓은 두건, 움직이기 쉬운 검은 상의에 검은 바지. 닌자라 하면 이처럼 사극이나 영화에 등장할 법한 모습을 떠올리는 사람이 많으리라.

하지만 실제로 닌자가 착용했던 옷 색깔은 대부분 짙은 갈색이나 남색, 검붉은 색이었다고 한다. 닌자가 활약했던 시대는 지금과 달리 조명이 적었기 때문에 짙고 수수한 색이라면 몸을 숨기기에는 충분했던 것이다. 실제로 3대 인술서인 『쇼닌키』에는 '갈색이나 남색은 시중에 흔한 색이며 눈에 잘 띄지 않아서 좋다'라는 내용이 남아 있다.

또한 닌자가 항상 닌자복만 입고 다니지는 않았다. 닌자는 낮에 활동하는 경우도 있었는데, 낮에도 닌자복을 입었다간 오히려 눈에 잘 띄고 만다. 그러므로 낮에는 눈길을 피하기 위해 서민들의 복장으로 행동하다 해가 지면 비로소 닌자복으로 갈아입는 것이 원칙이었다.

참고로 닌자가 즐겨 착용했던 복장은 윗옷인 쓰쓰소데筒袖와 바지의 일종인 노라바카마野良袴였다. 쓰쓰소데와 노라바카마는 밑단이 좁기 때문에 움직이기 편해 첩보 활동에 안성맞춤이었다. 게다가 닌자는 이 복장을 기본으로 다양한 기능을 가미했다.

예를 들어 허리띠는 어둠 속에서도 빠르게 묶을 수 있는 구조였고, 외투인 하오리羽織는 양면이어서 뒤집어 입으면 다른 사람으로 변장이 가능했다. 정강이의 각반에는 작은 주머니가 달려 있어서 봉수리검을 꽂을 수도 있었다. 또한 버선 바닥에는 솜을 넣어서 발소리가 나지 않게끔 했으며, 약 2m 길이의 한 장짜리 천으로 이루어진 두건은 밧줄이나 붕대로도 쓰였다.

이러한 복장의 색을 새까맣게 물들인다면 우리가 상상하는 닌자의 모습에 가까워질 텐데, 실제로는 까맣게 통일한 스타일이 아니었다니 꽤나 의외다.

닌자복

닌자복은 닌자에게 전투복이었다

'닌자복'은 정체가 발각되지 않게끔 피부의 노출을 최소화한 디자인이 특징이다. 각 부분에서는 고심한 흔적이 엿보인다.

두건
길이는 약 2m, 폭은 30~50cm 정도. 위급할 때 들것이나 붕대 대용으로도 쓰였다.

데코(手甲)
팔부터 손등까지를 덮는 방어구. 부상뿐 아니라 벌레, 추위를 막아주는 역할도 했다.

쓰쓰소데(筒袖)
펑퍼짐한 소맷자락 대신 좁은 통처럼 생긴 소매. 소맷자락이 없기 때문에 잘 걸리지 않아 움직이기 쉽다.

POINT

다수의 주머니를 배치

하오리(羽織)
하오리 안쪽에는 불씨나 약 등을 넣기 위한 주머니가 달려 있었다.

각반
정강이를 보호하기 위한 피복. 위아래의 끈을 뒤에서 앞으로 묶어서 착용했다.

하카마(袴)
닌자가 입는 바지는 보통 바지와 다르게 움직이기 쉽게끔 바지자락이 좁혀져 있었다.

닌자 FILE

닌자의 훈도시는 움직이기 쉬웠다

닌자의 훈도시*는 너무 길지도 짧지도 않은 특수한 훈도시로, 양쪽 끝부분에 끈이 달려 있었다. 이 형태는 센고쿠 시대의 무사들이 애용한 '와리훈도시(割り褌)'에 가까웠는데, 끈을 목에 걸고 착용하는 스타일이었다.

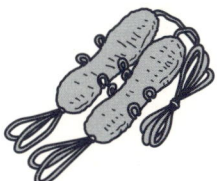

짚신
밤에도 잘 눈에 띄지 않게끔 닌자복과 같은 색으로 물들이기도 했다.

버선
소리가 나지 않게끔 바닥에 솜을 채웠다.

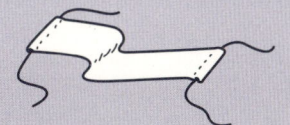

*속옷의 일종

3장

24 수건이나 필기도구는 첩보 활동의 필수품

해당 시대	해당 목적
무로마치 후기 / 센고쿠 초기 / 센고쿠 중기 / 센고쿠 후기 / 에도 초기	잠입 / 정보 수집 / 암살 / 도주 / 공격 / 전달

✦ 닌자의 임무에 필수적인 여섯 가지 도구

일본에서는 업무 등에 필요한 도구 세트를 가리켜 흔히 '일곱 가지 도구'라고 부르는데, 인술서 『쇼닌키』에서는 닌자의 여섯 가지 필수품인 '시노비로쿠구 忍び六具'를 언급하고 있다.

이는 닌자가 임무를 위해 멀리 떠날 때 반드시 휴대해야 하는 도구로, '우치타케打竹', '삿갓', '3척 수건', '야다테矢立·석필石筆', '가기나와鉤縄', '인롱印籠'의 여섯 가지다.

우치타케란 불을 내기 위한 불씨를 넣어두는 대나무 통이다. 조명이나 취사용으로, 그리고 동료에게 신호를 보내거나 화약에 불을 붙일 때 사용했다.

삿갓은 햇빛을 막아주거나 비를 피할 수 있는 것은 물론 얼굴을 가리는 데에도 도움이 되었다. 삿갓 안쪽에 활 등의 무기를 숨겨두는 경우도 있었다고 한다.

3척 수건은 91cm 정도의 수건이다. 붕대나 띠 대용으로도 쓰였으며 흙탕물을 걸러서 마실 물을 조달하는 데에도 쓰였다.

야다테는 벼루와 붓을 하나로 합쳐놓은 도구이며 석필은 밀랍으로 만든 필기도구의 일종이다. 이것들을 사용해 길가에 동료에게 보내는 신호나 표식을 남겼다. 적국의 성의 겨냥도를 그리기도 했다고 한다.

가기나와는 긴 밧줄 끝에 무쇠 갈고리가 달린 도구다. 높은 벽을 기어오르거나, 적을 묶거나, 밑에 있는 물건을 끌어올리거나, 배를 고정시키는 등 다양한 용도로 쓰였다.

인롱은 약을 담아두는 용기로, 상처약이나 독약, 해독약, 수면제, 벌레 퇴치제 등 임무 수행에 필요한 온갖 약을 넣어두었다.

참고로 이들 여섯 가지 도구는 에도 시대의 베스트셀러였던 여행기 『료코요진슈旅行用心集』에 여행자가 갖고 다니면 유용한 도구로 소개된 바 있다. 즉, 여행자들도 소지하고 다니는 도구이므로 만에 하나 발각되더라도 의심을 받지 않는다는 이점이 있었던 셈이다. 여섯 가지로 제한한 것은 임무에 방해가 되지 않게끔 소지품을 줄여야 했기 때문이다.

시노비로쿠구

닌자의 여섯 가지 필수 도구

임무에 사용하는 여섯 가지 도구를 '시노비로쿠구(忍び六具)'라고 불렀다. 일반인도 사용하던 도구였으므로 소지했다 해도 의심을 사지 않았다.

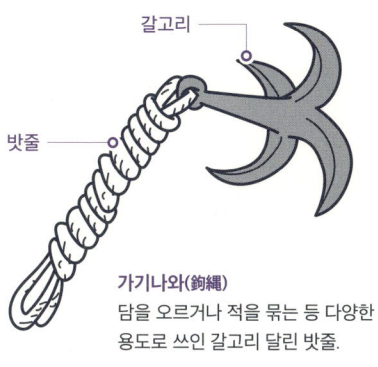

갈고리
밧줄

가기나와(鉤縄)
담을 오르거나 적을 묶는 등 다양한 용도로 쓰인 갈고리 달린 밧줄.

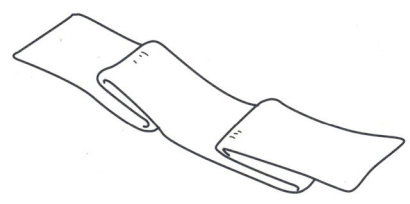

3척 수건
문자 그대로 3척(약 91cm) 수건이다. 두건, 붕대, 흙탕물의 여과 등 용도는 다양했다.

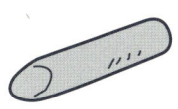

석필(石筆)
동료에게 표식이나 암호를 전할 때 사용한 분필 같은 도구. 야다테라고 불리는 필기도구를 사용하기도 했다.

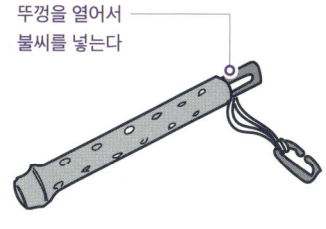

뚜껑을 열어서 불씨를 넣는다

우치타케(打竹)
불씨를 넣어두기 위한 도구. 요리를 할 때나 봉화를 올릴 때 등, 불을 사용해야 할 때 필수였다.

삿갓
머리에 써서 햇빛이나 비를 막았다. 얼굴도 가려주므로 필수적인 도구였다.

이 부분을 위로 당기면 뚜껑이 열린다

인롱(印籠)
약을 넣어두기 위한 작은 상자. 상처약뿐 아니라 수면제나 독약 따위도 들어 있었다.

25 납작한 수리검뿐 아니라 막대기처럼 생긴 수리검도 있었다

해당 시대 무로마치 후기 | 센고쿠 초기 | 센고쿠 중기 | 센고쿠 후기 | 에도 초기

해당 목적 잠입 | 정보 수집 | 암살 | 도주 | 공격 | 전달

✦ 납작하고 동그란 수리검보다 막대형이 더 많이 쓰였다

수리검은 닌자의 상징과도 같다. 창작물에서는 별이나 풍차처럼 생긴 수리검이 자주 등장하지만 실제로는 다양한 형태가 있었다. 게다가 수리검은 닌자만의 무기도 아니었다.

애당초 손으로 던지는 무기는 나라 시대나 헤이안 시대부터 사용되었다. 이 무기가 세련되게 진화한 결과물이 바로 수리검으로 추정된다. 또한 수리검은 에도 시대 무사들의 소양으로 여겨진 '무예 18반' 중에 포함되어 있었을 정도로 닌자만의 전유물도 아니었다.

수리검은 크게 구분하면 동그랗고 납작한 '평형 수리검'과 막대기처럼 생긴 '봉수리검'으로 나뉘는데, 값싸고 만들기 쉬우며 부피가 작다는 이유로 봉수리검이 더 많이 쓰였다고 한다.

수리검을 치는 방식으로는 몇 가지 종류가 있었다.[1] 풍차형 수리검은 위에서 내리치는 '본타本打'가 기본적인 방식이었지만 손을 옆으로 휘두르는 '횡타橫打'도 사용되었다. 또한 봉수리검은 표적까지 곧장 날리는 '직타直打'와 회전시키며 날리는 '회전타回轉打'가 있었다. 적에게 꽂히는 부분은 풍차형 수리검 쪽이 더 많으므로 난이도가 낮다. 한편 봉수리검은 풍차형보다 깊숙이 찔리므로 위력이 더 강하다는 특징이 있었다.

수리검의 사정거리는 최대 15m 정도로, 살상 능력 역시 그다지 높지 않다(암살이 목적일 때는 독을 발랐다). 철제이며 하나하나가 무겁기 때문에 많이 들고 다닐 수도 없다. 따라서 여차할 때 던져서 상대방에게 겁을 주고 그 틈에 도망치는 방식으로 쓰였을 것으로 보인다.

참고로 특수한 무기인 수리검은 소지했다는 사실이 드러나면 의심을 사기 때문에 실제로 닌자는 사용하지 않았다는 설도 있다. 이 설에 따르면 수리검이 아니라 들고 다니더라도 수상히 여기지 않는 대못을 썼다고 한다.

---

1 일본에서 수리검은 '던지는' 것이 아니라 '친다'고 표현한다

풍차형 수리검

닌자에게는 명함과도 같은 암살 도구
수리검은 '닌자의 대표적인 무기'라는 인식이 강하다. 하지만 실제로는 무사도 휴대했을 정도로 결코 닌자만의 무기는 아니었다.

사방(십자) 수리검

육방 수리검

만(卍)자 수리검

삼방 수리검

수리검의 종류
일반적으로 알려진 형태는 사방(십자) 수리검이다. 그 외에도 다양한 형태가 있는데, 날의 수가 많을수록 상대방에게 명중시키기 쉽다.

데쓰마리(鉄菱)

화차검

십방 수리검

물결형 만자 수리검

얇은 철판에 날이 달린 이들 수리검을 모두 평형 수리검이라고 부른다. 날의 개수나 형태에 따라 명칭은 각기 다르다. 또한 심지가 달린 화차검이나 입체적인 형태의 데쓰마리 등, 특수하게 생긴 수리검도 존재했다. 살상 능력이 낮기 때문에 날 끝에 독을 바르는 경우도 있었다.

봉수리검

상대방에게 명중시키면 큰 타격을 입힐 수 있다

봉수리검은 이름처럼 길이 10~20cm 정도의 막대처럼 생긴 수리검이다. 치명상을 입힐 수 있는 강력한 무기였다.

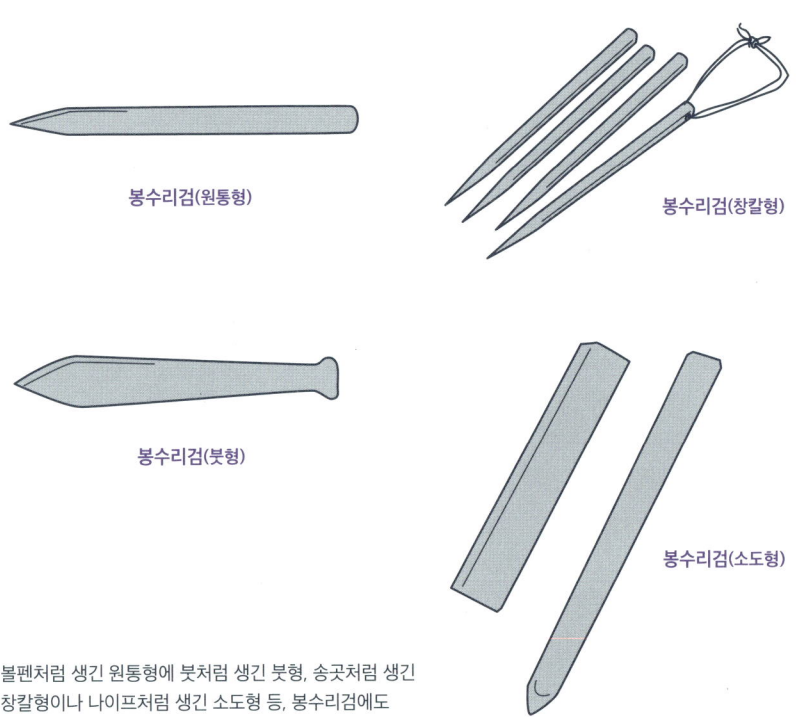

봉수리검(원통형)

봉수리검(창칼형)

봉수리검(붓형)

봉수리검(소도형)

볼펜처럼 생긴 원통형에 붓처럼 생긴 붓형, 송곳처럼 생긴 창칼형이나 나이프처럼 생긴 소도형 등, 봉수리검에도 다양한 종류가 있었다. 평형 수리검보다 위력은 뛰어났지만 적에게 명중시키려면 고도의 기술이 필요했다.

봉수리검을 치는(던지는) 방식

직타
날 반대쪽을 쥐고 무회전으로 던지는 방식. 적을 향해 똑바로 날리려면 무게중심이 끝부분으로 오게끔 해야 한다.

회전타
날 부분을 쥐고 회전시켜서 던지는 방식. 직타와 똑같이 팔을 휘두르지만 손을 떼는 순간 손목에 힘을 넣어서 회전을 준다.

쥐는 법

근거리인가 원거리인가에 따라 파지법이 달랐다

수리검을 잘 쓰려면 수행을 쌓아야만 한다. 풍차형 수리검의 경우, 거리에 따라 주로 네 가지 쥐는 법이 존재했다.

근거리용
엄지 안쪽과 검지의 측면으로 쥐는 방식. 힘이 들어가지 않으므로 근거리 전용이다. 손에 상처를 입을 일이 적어서 날 끝에 독을 바를 수 있다.

중거리용
거리가 다소 떨어져 있을 경우, 손바닥에 수리검을 얹고 엄지 측면으로 누른다. 손바닥에 상처가 날 가능성이 있으므로 독은 바르지 않았다.

중·장거리용
검지를 펴서 날을 누르고 쥔다. 명중률이 현격하게 상승하며 회전력을 실을 수도 있으므로 멀리까지 날릴 수 있다.

장거리용
검지를 날에 걸면 자세도 안정되고 위력이 늘어난다. 회전을 걸기도 쉬워지므로 멀리 날릴 수 있다.

평형 수리검을 치는(던지는) 방식

본타
뒤쪽으로 크게 젖힌 후 휘둘러서 던지는 방식. 동작이 크기 때문에 상대방에게 들키기 전에 던지는 것이 이상적이다.

횡타
몸 바깥쪽에서 안쪽, 혹은 안쪽에서 바깥쪽을 향해 던지는 방식이다. 앉은 자세는 물론 누운 자세까지 상황을 가리지 않고 던질 수 있다.

닌자 FILE

수리검은 어디까지나 호신용
아마도 수리검 하면 떠오르는 장면은 수리검 십여 개를 손바닥에 얹은 채 마구 날리면 적들이 픽픽 쓰러지는 모습이 아닐까. 하지만 실제로 수리검은 유사시를 대비한 호신용 무기로 몇 개밖에 소지하지 않았던 모양이다.

피리처럼 생긴 바람총은 절대 발각되지 않는 최고의 암살 도구

해당 시대: 무로마치 후기 | 센고쿠 초기 | 센고쿠 중기 | 센고쿠 후기 | 에도 초기

해당 목적: 잠입 | 정보 수집 | **암살** | 도주 | 공격 | 전달

◆ **소리 없이 상대를 암살하는 작지만 흉악한 무기**

바람총은 대롱에 바람을 불어서 화살을 날리는 무기다. 사냥이나 스포츠에 사용되기도 하지만 닌자들도 암살용 무기로 사용했다. 바람총에는 독을 바른 바늘을 넣어서 날렸다. 비거리를 향상시키기 위해 바늘에는 종이나 나뭇잎으로 만든 날개를 달았다.

닌자에게 바람총은 활에 비해 좁은 곳에서 사용하거나 불시에 쏠 수 있다는 이점이 있었다. 불었을 때 소리가 나지 않는다는 점에서도 닌자에게 적합했다.

사냥이나 스포츠에 쓰이는 일반적인 바람총은 명중률을 높이기 위해 가능한 한 긴 대롱을 사용하지만, 닌자가 긴 대롱을 가지고 다닐 수는 없는 노릇이기에 대신 피리를 대롱으로 사용했다. 피리 안쪽에는 종이 대롱이 들어 있고 종이에는 피리와 같은 위치에 구멍이 뚫려 있었다. 악기로서 소리를 낼 수도 있지만 바람총으로 사용할 때는 종이 대롱을 돌려서 피리의 구멍을 막았다.

적지로 잠입할 때 변장하는 경우도 많았던 닌자는 피리를 들고 있어도 이상하지 않게끔 방랑 예능인으로 변장했으며, 피리 연습도 했다고 한다.

피리 외에는 까마귀의 깃털을 사용했다. 깃털의 심은 안쪽이 비어 있기 때문에 가느다란 관처럼 활용할 수 있었다. 이때는 깃털 다섯 개를 묶어서 각각 바늘을 하나씩 넣어두었다. 또한 감나무 잎을 동그랗게 말아서 쓰기도 했다.

바람총 외에 대롱을 쓰지 않고 입으로 직접 바늘을 문 채 불어서 날리는 '후쿠미바리송み針'라는 기술도 쓰였다. 경우에 따라서는 하나가 아니라 여러 개의 바늘을 날렸으며, 단련을 통해 바람총보다도 멀리까지 날릴 수 있었다고 한다.

닌자가 사용한 침은 단면이 삼각형이어서 잘 휘지 않고 관통력이 뛰어난 '삼릉침三稜針'이라는 침이었다. 터진 옷을 꿰매는 본래의 용도로 쓰이기도 했지만 무기로도 쓰였다.

바람총

좁은 곳에서도 적의 숨통을 끊을 수 있는 암살 도구

바람총은 대롱으로 독을 바른 침을 날려서 순식간에 적을 처치하는 도구다. 정체를 발각당해서는 안 되는 닌자에게는 이상적인 무기였다.

후쿠미바리(含み針)
입에 문 바늘을 날리는 공격 방식. 멀리 날리기는 어렵기 때문에 주로 접근전에서 사용했다. 이 바늘은 의료기구로도 활용되었다.

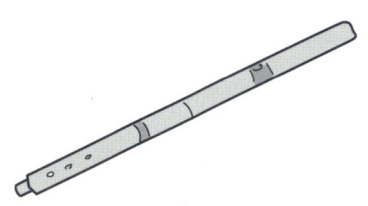

대롱
긴 대롱을 가지고 다녔다간 의심을 사기 때문에 종이로 만든 대롱을 사용했다. 피리로도 쓸 수 있게 되어 있었다.

까마귀의 깃털
까마귀 깃털의 심은 안이 비어 있으므로 이곳에 바늘을 넣어서 보관했다. 또한 깃털 심 다섯 개를 묶고 각각에 바늘을 넣어 바람총처럼 사용하기도 했다.

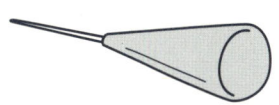

후키바리(吹き針)
종이로 가느다란 대롱을 만들고 그 안에 바늘을 넣어 즉석에서 바늘총처럼 사용했다.

감나무 잎
감나무 잎을 동그랗게 말아 즉석에서 대롱을 만들기도 했다. 다만 명중률과 비거리는 현격히 떨어졌다.

무사가 보조용으로 차고 다녔던 칼을 닌자들은 주무기로 사용했다

해당 시대: 무로마치 후기 | 센고쿠 초기 | 센고쿠 중기 | 센고쿠 후기 | 에도 초기

해당 목적: 잠입 | 정보 수집 | 암살 | 도주 | 공격 | 전달

✦ 상대를 베는 것은 물론 편리한 도구로도 이용했다

닌자가 사용한 칼은 '닌자도'라고 불린다. 평범한 칼은 칼몸, 즉 칼날이 70cm 정도인 반면 닌자도는 40~50cm로 짧다. 그리고 큼직한 사각형 코등이가 특징으로 통한다. 하지만 이러한 칼은 실물이 발견된 적이 없을뿐더러 인술서에도 기록되어 있지 않다. 따라서 닌자도는 근대에 형성된 개념으로 생각된다. 실제로 닌자들은 나가와키자시長脇指를 사용했다.

닌자는 잠입할 때 잠수를 해야 하는 경우도 있었으므로 물속에서 사용하기 위한 아이디어가 가미되어 있었다. 눈에 잘 띄지 않는 어두운 색의 칼자루에는 옻칠을 한 미끄럼 방지용 끈이 감겨 있어서 물에 젖더라도 손에서 미끄러지지 않았다. 또한 칼집은 끝부분에 마개가 달려 있어서 떼어내면 물속에서 호흡하기 위한 스노클로도 쓸 수 있었다. 다만 칼집이 길기 때문에 장시간 잠수는 어려웠으리라.

칼집에 감겨 있는 끈인 '사게오下緖'는 일반적인 칼보다 제법 긴 편이었는데, 이것을 이용한 일곱 가지 기술이 있었다.

그중 하나인 '자사가시座探し'는 어두운 곳에 침입했을 경우, 칼집이 칼에 걸쳐진 상태에서 사게오를 입에 물고 칼을 앞으로 내민 채 전진하다 적이 칼집을 건드리면 즉시 사게오를 뱉어서 칼집을 떨어뜨리고 뽑힌 칼로 공격하는 방법이다.

그 외에 벽을 넘을 때 입에 사게오를 물고 벽에 세워둔 칼을 발판 삼아 넘어간 후, 사게오로 칼을 끌어당기는 '쓰리가타나吊リ刀', 침입해온 적의 다리를 걸어서 넘어뜨리기 위해 낮은 곳에 사게오를 걸어두는 '요진나와用心繩', 제압한 적을 포박할 때나 지혈할 때 밧줄 대신 사용하는 '사시나와指繩', 노숙할 때 나무와 나무 사이로 사게오를 꿰어서 간이 지붕을 만드는 '노추노마쿠野中の幕', 적의 창 공격을 막기 위해 칼과 칼집을 두 손으로 들고 창에 사게오를 감아 빼앗는 '야리도메槍停'가 있었다.

닌자도 ①

무사와는 다른 칼 사용법

무사에게 속도로는 뒤지지 않지만 완력으로 맞서면 이기기 힘들다. 따라서 닌자는 무사와는 다른 싸움법을 갈고 닦았다.

우치가타나와 나가와키자시의 차이

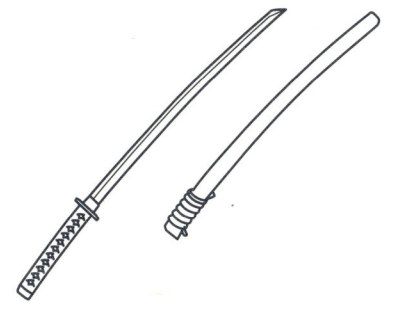

우치가타나(打刀)
아시가루 등의 일반 병사들이 소지했던 칼. 휘어진 칼몸은 찌르기보다 베기에 더 적합하다.

POINT 칼날의 길이는 70cm 정도로, 휘어진 칼몸이 특징이다.

나가와키자시(長脇指)
와키자시는 농민 등 무사 이외의 계급에서 애용한 칼이다. 닌자는 그중에서도 가장 큰 나가와키자시를 사용했다.

POINT 칼날의 길이는 54.5~60.6cm. 살짝 휘어진 것이 특징이다.

사용법의 차이

베기, 때리기
평소에는 상대를 베기 위해 쓰지만 피나 기름 때문에 점점 날이 무뎌지고 만다. 벨 수 없어졌을 때는 칼로 적을 힘껏 때렸다.

찌르기
덜 휘어진 칼몸을 살려서 찌르는 방식이 닌자의 검술이었다. 또한 우치가타나보다 칼몸이 짧기 때문에 상대방의 사정거리 안으로 파고들어야만 한다는 위험성이 있었다.

> **닌자 FILE**
>
> **무사의 칼이 휘어져 있는 이유?**
> 칼몸이 곧은 칼은 '직도(直刀)'라 불리고 칼몸이 휜 우치가타나는 '만도(彎刀)'라 불린다. 나라 시대까지 칼이라 하면 직도를 가리켰지만 헤이안 시대에 만도가 생겨나면서 일본도의 기본 틀이 잡혔다. 헤이안 시대의 주된 전장은 말 위였다. 찌르기보다 속도를 살려 베는 편이 더 합리적이었던 것이다.

닌자도 ②

닌자도는 사람을 죽이기만을 위한 도구는 아니었다

'칼은 무사의 혼'이라고들 하지만 닌자에게 그런 정신은 없다. 등기(登器) 대용이나 호신용으로 사용했다.

요진나와(用心縄)

사게오를 다리가 걸릴 법한 낮은 위치에 걸어두고 적을 넘어뜨린다. 자고 있을 때 호신용이나 적을 기다릴 때 함정으로 사용했다.

자사가시(座探し)

침입한 곳이 어두컴컴해서 앞이 보이지 않을 때가 있다. 그럴 때는 칼집을 칼 끄트머리에 걸어두고 사게오를 입에 물어서 지팡이 대용으로 사용했다.

사시나와(指縄)

부상을 당하거나 베였을 때 지혈하기 위해 사게오를 사용했다. 긴 사게오는 상처 부위를 묶기에 안성맞춤이었다.

쓰리가타나(吊り刀)

칼을 발판 삼아 담장을 오른 뒤 사게오를 낚아채면 등기 대용으로 사용할 수 있었다. 칼을 지면에 꽂아서 고정시키는 것이 포인트.

닌자도 ③

닌자라면 사게오를 최대한으로 활용해야 한다

나가와키자시의 가장 큰 특징은 칼집에 감겨 있는 긴 사게오다. 이 사게오를 이용해 적을 벤다는 본래 목적을 달성할 수 있었다.

야리도메(槍停)
나가와키자시로 긴 창을 든 적과 맞서기란 압도적으로 불리하다. 이럴 때는 긴 사게오를 이용한 전법을 구사했다.

적이 창으로 찌를 때 긴 사게오로 창을 옭아맨다. 성공했다면 나가와키자시로 찌를 수도, 빼앗은 창으로 찌를 수도 있다. 이 전술로 형세를 단숨에 역전시킬 수 있었다.

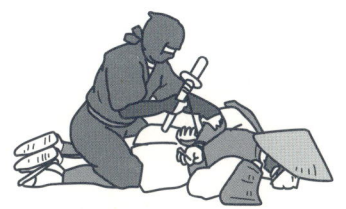

노추노마쿠(野中の幕)
노숙할 때, 외투를 걸어둘 지주 대신 사게오를 이용했다. 즉석 텐트가 되어주므로 쾌적하게 휴식할 수 있었다.

포박
적을 묶을 때도 사게오가 활용되었다. 사게오를 끊어서 팔다리를 묶는 방식으로, 포박 방법은 입에서 입으로 전해졌다.

28. 상대를 방심케 하기 위해 무기는 지팡이나 부채에 숨겼다

해당 시대	해당 목적
무로마치 후기 / 센고쿠 초기 / 센고쿠 중기 / 센고쿠 후기 / 에도 초기	잠입 / 정보 수집 / 암살 / 도주 / 공격 / 전달

✦ 상대방의 의심을 사지 않고 무기를 숨겨 다녔다

무기를 소지하지 않는 신분으로 변장할 때면 닌자는 일상용품으로 위장한 무기를 갖고 다녔다.

암살 등의 임무를 수행할 때는 무기를 소지했다는 사실을 숨긴 채 타깃에 접근해 공격할 수도 있었으며, 반대로 이쪽이 맨손이라고 생각한 상대방에게 역공을 가하는 것도 가능했다.

위장용으로 가장 많이 이용된 도구는 지팡이였다. 닌자가 활약했던 시대는 대부분 걸어서 여행을 다녔으므로 지팡이를 소지한 사람이 많았기에 무기를 숨기기에는 자연스러운 도구였다. 손잡이 부분을 뽑으면 가느다란 칼날이 나온다. 그 외에도 사슬이나 분동(추), 독약, 눈을 공격하기 위한 고춧가루 등을 지팡이에 숨기기도 했다. 사슬이나 분동은 상대방의 칼을 옭아매는 데 사용했다. 승려나 야마부시가 소지하는 석장錫杖1에도 무기를 숨겼는데, 이때 닌자는 승려나 야마부시로 변장했다.

담뱃대에도 칼을 숨겼다. 담뱃대 자체에 칼을 숨기는 방식과 담뱃대 보관함에 칼을 숨기는 방식이 있었다.

위장용으로는 철선도 자주 사용되었다. 철선鐵扇이란 심 부분이 쇠로 된 부채로, 철선 자체를 호신용 무기로 사용하기도 했지만 닌자는 여기에 칼을 숨겼다. 부채의 손잡이가 칼자루인 종류와 부챗살 부분이 칼자루인 종류가 있었다.

대표적인 위장 무기는 지팡이, 담뱃대, 철선이지만 그 외에 필기도구인 야다테矢立에 칼을 숨기거나 부젓가락에 송곳 같은 무기를 숨기기도 하고, 비녀에 작은 칼을 숨기기도 했다.

와키자시나 담뱃대에 철포를 숨기기도 했다고 하나 당시의 철포는 화승식으로 바로 사용할 수 없는 무기였으므로 실용성이 낮아 위장용 무기로 실재했는지 의문시된다.

1 금속 고리가 달린 지팡이

위장 지팡이

다양한 파생 형태가 존재하는 지팡이
적으로부터 의심을 받지 않기 위해 무기를 소지했다는 사실은 가급적 숨겨야 한다. 지팡이는 무기를 숨기기에 안성맞춤인 도구였다.

위장 지팡이(사슬)
분동이 달린 사슬이 장치된 지팡이. 상대방이 칼로 덤벼들더라도 사슬을 이용해 옭아맬 수 있었다. 또한 긴 사슬로 적을 포박하는 것도 가능했다.

위장 지팡이(창)
지팡이에 창을 숨긴 형태. 노인 등으로 분장한 상황이므로 적이 방심했을 때 찔러서 치명상을 입힐 수도 있었다.

위장 지팡이(칼)
지팡이에 칼을 숨긴 기본적인 형태. 과거의 이동 수단은 대부분 도보였다. 지팡이는 주변에 위화감을 주지 않는 최고의 도구라 할 수 있다.

위장 지팡이(눈 공격용)
지팡이 끝부분에 고춧가루를 넣어서 적의 얼굴을 향해 뿌린다. 살상 능력은 없지만 적으로부터 도주할 때는 안성맞춤이었다.

위장 부채

최소한의 움직임으로 상대방을 처치한다

닌자의 철칙은 불필요한 물건을 소지하지 않는 것이다. 일상적으로 사용하는 부채에는 예상치 못한 사태를 대비한 무기가 감춰져 있었다.

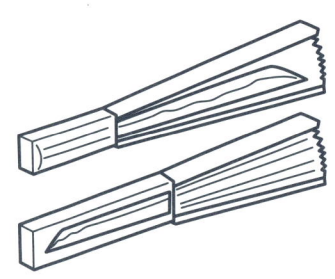

위장 부채
부챗살 부분, 혹은 손잡이 부분에 작은 칼을 숨겼다. 베고 찌를 뿐 아니라 봉수리검처럼 던지기도 했다.

부챗살 부분에 칼이 숨겨진 부채의 사용법

얼마나 빠른 움직임으로 상대방을 찌르는지가 중요했다.

손잡이 부분에 칼이 숨겨진 부채의 사용법

부채를 건네주는 척하면서 급습한다. 상대를 방심케 하기에는 이쪽이 더 유리했다.

각종 위장 무기

여기서 끝나지 않는다! 위장 무기의 심오한 세계

닌자들은 지팡이나 부채뿐 아니라 다양한 사물에 무기를 숨겼다. 맨손이라고 얕잡아봤다간 죽음이 기다리고 있었다.

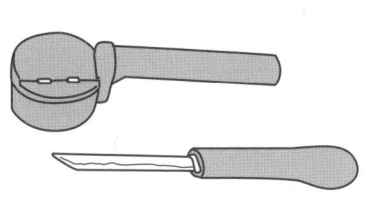

야다테(矢立)
야다테는 붓과 벼루를 합쳐놓은 휴대용 필기도구다. 여기에 칼을 숨기면 튼튼하고 쥐기도 좋은 최고의 위장 무기가 되었다.

비녀
평범한 비녀지만 닌자의 손에 쥐어지면 훌륭한 무기가 된다. 구노이치가 애용했다.

석장(錫杖)
석장이란 야마부시 등의 수험자가 소지하는 지팡이를 가리키는 말이다. 야마부시로 분장한 닌자는 이 석장에도 무기를 숨겼다.

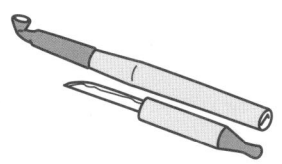

담뱃대
담뱃대에 칼을 숨긴 형태. 짧은 칼만을 숨길 수 있으므로 어디까지나 호신용으로만 가지고 다녔다.

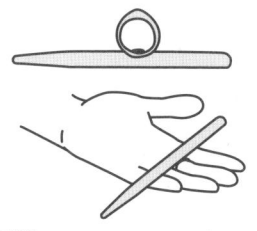

슨테쓰(寸鉄)
중국에서 전해진 소형 무기로 중지에 끼워서 사용한다. 이 또한 살상 능력이 낮기 때문에 급소를 찔러야 했다.

3장

닌자도구의 법도

29 농기구로 사용하는 낫을 무기로 삼았다

해당 시대 | 무로마치 후기 | 센고쿠 초기 | 센고쿠 중기 | 센고쿠 후기 | 에도 초기

해당 목적 | 잠입 | 정보 수집 | 암살 | 도주 | 공격 | 전달

❖ **공격, 방어, 도주 시에 도움을 주는 별난 무기들**

앞서 닌자들이 일상용품 안에 숨겼던 위장 무기1를 소개했지만 여기서는 얼핏 봐서는 무기임을 알 수 없는 '비밀 무기'를 소개하겠다.

비밀 무기 중에서도 가장 작은 것으로 손가락에 반지처럼 끼우는 '가쿠테角手'가 있다. 손가락 안쪽 부분에 가시가 나 있기 때문에 위험한 물건을 들고 있는 것처럼 보이지 않지만 가쿠테를 낀 상태로 상대방의 몸을 움켜쥐거나 손바닥으로 상대방의 안면을 공격해 타격을 입힐 수 있었다.

널리 알려진 '마름쇠'도 비밀 무기다. 쇳덩이로 만들었다는 이미지가 강하지만 원래는 물풀인 마름의 열매를 말려서 사용했다. 마름 열매는 무척 딱딱하며 사방에 가시가 나 있기 때문에 도주할 때 지면에 흩뿌리면 상대방의 발을 묶기에 충분했다. 마름쇠의 종류로는 나무로 만든 것과 대나무로 만든 것, 철로 만든 것이 있다.

손등에 쇠 갈퀴를 붙이는 '뎃코카기手甲鉤' 역시 대표적인 비밀 무기다. 본래는 풀을 벨 때 쓰는 농기구였으므로 농민으로 변장한 닌자들이 소지했다 하더라도 의심을 사지 않았기 때문에 널리 이용되었다. 상대방을 할퀴어서 공격할 뿐 아니라 상대의 공격을 받아내는 방어용으로도 쓰였다.

뎃코카기처럼 쥐어서 사용하는 비밀 무기로는 너클처럼 생긴 '뎃켄鉄拳'도 있다. 이름에서 알 수 있듯이 쥐고 상대방을 때리는 데 사용되었다.

길이 약 1m의 사슬 양 끝에 분동을 달아놓은 '만리키구사리万力鎖'는 손에 쥐고 있던 분동을 던지는 무기다. 단순한 공격은 물론 상대방의 다리를 묶어 움직임을 봉쇄할 수도 있었다.

만리키구사리의 끝부분이 낫처럼 되어 있는 무기가 바로 '구사리가마鎖鎌2'다. 구사리가마는 무인에게 필요하다 여겨진 '무예 18반'에도 포함되어 있기 때문에 닌자만 사용했던 무기는 아니다. 다만 낫 자체가 농기구이기 때문에 소지하더라도 의심을 받지 않는다는 장점이 있으므로 닌자들도 사용했다.

---

1 p.84 참조
2 사슬낫

비밀 무기 ①

호신용으로 소지한 여러 가지 비밀 무기

첩보 활동이 주된 임무인 닌자에게 적으로부터 도망치는 것은 부끄러운 일이 아니었다. 몸을 지키기 위한 여러 가지 비장의 수단도 갖추고 있었다.

마름쇠
가죽 자루 등에 넣어서 가지고 다녔던 마름쇠는 주로 도주용으로 사용되었다. 지면에 뿌려서 추격자의 발을 묶었다.

눈 공격용 분말
고운 고춧가루를 채운 주머니를 상대방의 안면을 향해 투척한다. 적이 고통스러워 할 때 도주를 꾀했다.

수리검
품에 숨기고 다녔던 수리검 역시 훌륭한 비밀 무기다. 이때다 싶을 때 던져서 상대방이 움츠러들었을 때 도주했다.

비밀 무기 ②

닌자는 농기구조차 무기로 삼았다

손으로 쥘 수 있는 크기라면 모두 '비밀 무기'였다. 농민에게는 일상적인 도구인 낫조차 비밀 무기 중 하나였다.

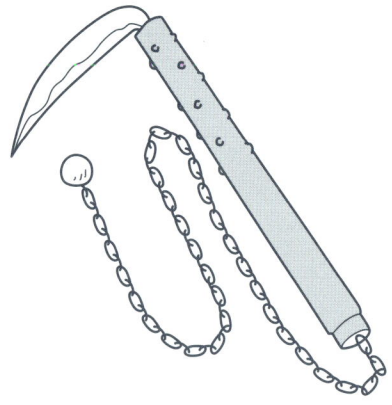

구사리가마(鎖鎌)
농기구인 낫에 사슬과 분동을 달아놓은 무기. 낫 부분을 사용한 공격보다 사슬 부분의 사용법이 승패의 관건이었다.

구사리가마의 사용법

구사리가마의 이점은 칼보다 공격 범위가 넓어서 원거리 공격이 가능했다는 점이다. 적의 팔에 감기게끔 던지는 것이 핵심이다.

적의 팔에 감긴 사슬을 당겨서 상대방의 칼을 빼앗거나 구사리가마의 낫 부분을 써서 공격으로 전환했다.

닌자 FILE

무사의 소양이었던 '무예 18반'

무예 18반은 검술, 유술, 거합술, 창술, 봉술, 궁술 등 18종의 무예를 가리키는 말이다. 『수호전(水滸傳)』에 기록된 무예를 효시로 삼고 있으나 그 종류는 일본과 중국, 그리고 시대에 따라서도 달라지는데, 에도 초기에는 무사의 기본 소양처럼 받아들여졌다. 구사리가마를 사용하는 구사리가마술 역시 여기에 포함되어 있다.

비밀 무기 ③

닌자 특유의 별난 무기들

칼이나 창 등의 무기를 소지했다간 본인의 뜻과는 무관하게 발각되고 만다. 그런 이유에서도 닌자는 비밀 무기에 집착했다.

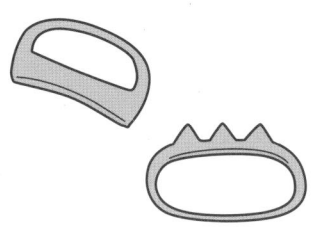

뎃켄(鉄拳)
현대에는 흔히 너클이라 부르는 쥐어서 쓰는 무기. 무게는 약 200g 정도로 비교적 가볍지만 맨손으로 때리는 것보다 강력한 일격을 가할 수 있다.

만리키구사리(万力鎖)
양 끝에 분동이 달린 쇠사슬형 무기. 원심력을 이용해서 공격하거나 쇠사슬을 상대방의 목에 감아 넘어뜨리기도 했다.

뎃코카기(手甲鉤)
예리한 갈퀴로 적에게 깊은 상처를 입히는 무기. 본래는 농기구 중 하나로, 벼와 벼 사이에 자란 잡초를 베기 위해 사용되었다.

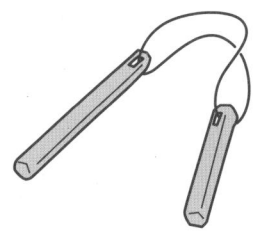

데보(手棒)
본래는 무기가 아니라 볍씨를 때려서 탈곡하기 위한 농기구다. 중국 권법의 쌍절곤처럼 휘둘러서 사용했다.

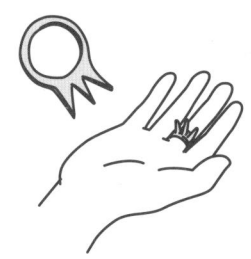

가쿠테(角手)
반지처럼 생긴 무기로 고리에 작은 날이 달려 있다. 손바닥 안에 감출 수 있기 때문에 상대방의 허를 찔러서 공격할 수 있다. 다만 살상력은 낮다.

30

무기, 조명, 신호, 통신 및 기타 등등, 화기만 있으면 무엇이든 가능!

닌자도구의 법도

해당 시대					해당 목적					
무로마치 후기	센고쿠 초기	센고쿠 중기	센고쿠 후기	에도 초기	잠입	정보 수집	암살	도주	공격	전달

✦ 수류탄이나 화염병과 비슷한 화기로 적을 공격!

불이나 화약을 잘 다룬다는 점 역시 닌자의 특징이자 강점 중 하나다. 대표적인 인술서 『반센슈카이』에서도 화기에 대해 대단히 많은 지면이 할애되어 있다.

화약이 일본에 전래된 때는 철포가 전래된 1543년이지만 이가·고가에는 예전부터 대륙에서 건너온 이들이 많았으므로 일설에 따르면 그보다도 전에 화약 기술이 전해졌다고도 한다.

진위 여부는 차치하고 닌자는 화기를 무기, 조명, 신호나 통신 등, 다양한 용도에 활용했다.

조명으로는 자이로스코프 같은 구조의 이중 고리에 촛대가 달려 있어서 어떤 방향을 향하더라도 내부의 촛불이 꺼지지 않는 '간도龕灯' 외에 대나무 통 안에 특수한 화약과 기름을 넣어서 비가 내리는 중에도 사용할 수 있게 한 '아메타이마쓰雨松明' 등이 전해진다.

'도리노코鳥の子'는 위협용, 또는 시야를 차단하기 위해 사용한 도구다. 지름 5~6cm 정도의 종이 뭉치 안에 화약과 발연제를 채우고 도화선에 불을 붙여서 던지면 소리와 연기가 나는 연막탄이다.

무기로는 '호로쿠비야焙烙火矢'가 알려져 있다. 화약이 든 도자기에 불을 붙여서 던진다. 지금으로 말하자면 수류탄에 해당한다. 안에는 쇳조각이나 못이 들어 있어서 폭발과 동시에 흩날리는 구조다. 그 외에도 지면에 묻어서 적이 밟으면 폭발하는 지뢰와 같은 '우메비埋め火', 통에 화약을 채워서 화염방사기처럼 사용하는 '도리비카타取火方', 미사일처럼 날리는 '다이코쿠비야大国火矢' 등, 다양한 형태의 무기가 존재했다.

지금은 화기라 하면 총기류를 가리키지만 사실은 닌자들도 철포를 사용했다. 다만 큰 총은 은밀하게 행동할 때는 사용할 수 없었으므로 손바닥 안에 들어가는 크기의 소형 '니기리텟포握り鉄砲'였다. 총알은 단 한 발에 정밀도는 낮았으며 사정거리도 짧았다.

화기 ①

무기가 아닌 조명으로 사용된 다양한 화기

밤에 활동하는 경우가 많았던 닌자들에게 조명은 반드시 필요했다. 특기인 화기 지식을 살려 다양한 도구를 만들어냈다.

간도의 구조

목제, 혹은 금속제 통 안에 좌우와 상하로 회전하는 두 개의 고리가 설치되어 있고 그 안에 촛대가 달려 있었다. 어느 방향으로 움직이더라도 양초가 안정적으로 고정되는 구조였다.

간도(龕灯)

한 손으로 들 수 있는 운반에 편리한 등불. 주변을 비추는 조명기구로 사용했을 뿐 아니라 동료에게 신호를 보낼 때도 사용했다.

아메타이마쓰(雨松明)

폭발성 화약이나 맹렬하게 타오르는 기름 등을 대나무 통에 넣었다. 불을 켜면 비바람 속에서도 잘 꺼지지 않아 야간에도 임무를 수행할 수 있었다.

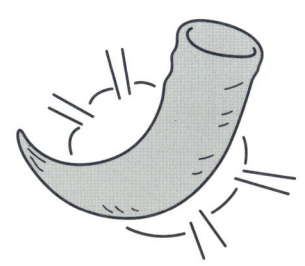

요시쓰네 햇불

쇠뿔을 파내고 안에 수은을 채우면 화학 반응이 일어나 햇불이 된다. 미나모토노 요시쓰네도 사용했다 하여 이러한 이름이 붙었다.

화기 ②

전투력을 높인 무기로서의 화기

무사와 정면으로 맞서 싸우면 수적으로 열세여서 불리하다. 닌자는 간접적으로 공격할 수 있는 화기를 사용해 전투력의 차이를 메웠다.

다이코쿠비야(大国火矢)
발사대를 만들어 로켓 불꽃처럼 날리는 불화살. 화살 안에는 불태우기 위한 소이(燒夷)용 화약과 추진용 화약이 채워져 있어서 공격력이 매우 뛰어났다.

요우치텐몬비(夜討天文火)
초석이나 황 따위를 넣은 자루를 화살촉에 매단 불화살. 살상력은 없지만 적의 성이나 식량고, 무기고 등에 불을 붙일 수 있었다.

오무라사메(大村雨)
초석이나 삼베 가루 등을 대나무 통에 넣고 도화선으로 불을 붙여서 쏘는 화살. 대나무 통에서 흰 연기가 나오므로 아군에게 신호를 보내기 위한 봉화로 사용했다.

쓰케키비(付木火)
풀로 굳힌 초석이나 황을 발라놓은 종이. 이 종이가 착화제의 역할을 하므로 나무 등에 불을 붙이면 빠르게 불이 붙었다.

화기 ③

불이나 화약에 대한 지식은 보통이 아니었다

닌자가 취급했던 화기 중에는 살상력이 뛰어난 폭탄도 있었다. 적은 줄행랑을 치고 싶어질 만큼 두려웠으리라.

니기리텟포(握り鉄砲)
사정거리가 짧고 명중률도 낮은 소형 철포. 게다가 단 한 발만 넣을 수 있었기 때문에 오로지 근거리 전용이었다.

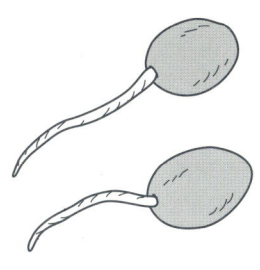

도리노코(鳥の子)
도리노코시(鳥の子紙)라 불리는 종이로 화약을 싼 발연제. 도화선에 불을 붙이면 큰 소리와 함께 대량의 연기가 발생하는 구조였다.

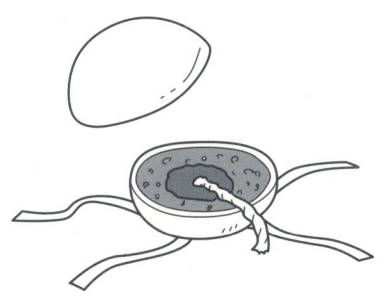

호로쿠비야(焙烙火矢)
도자기 안에 화약과 쇳조각, 못 등이 들어 있는 폭탄. 사용법은 도화선에 불을 붙이고 적에게 던지는 방식이었다.

도리비카타(取火方)
화약이 든 대나무 통에 불을 붙인 후 손에 들고 적을 공격하는 화기. 통 끝부분은 창처럼 되어 있어서 적이 놀란 틈에 찔렀다.

31. 소리가 요란한 총은 잘 쓰지 않았다

해당 시대 | 무로마치 후기 | 센고쿠 초기 | 센고쿠 중기 | 센고쿠 후기 | 에도 초기

해당 목적 | 잠입 | 정보 수집 | 암살 | 도주 | 공격 | 전달

✦ 총은 사정거리가 짧기 때문에 최대한 접근해서 사용했다

화약 취급에 능했던 닌자들이지만 철포에 관한 기술은 그 정도까지는 아니었다는 견해도 있다. 대표적인 인술서인 『반센슈카이』를 보면 화기에 관한 내용은 230종이나 되는 데 비해 철포에 관한 내용은 4종뿐이다. 은밀한 행동이 기본이었던 닌자와 굉음을 울리는 철포는 궁합이 맞지 않았다는 점 역시 이러한 생각에 설득력을 부여한다.

한편으로 인술의 유파 중에는 사이카雜賀나 네고로根來처럼 철포 기술에 뛰어났다고 알려진 이들도 있다. 이러한 전투 능력 덕분에 사이카슈와 네고로슈는 용병 집단으로도 높은 평가를 받았다.

당시의 철포는 사정거리가 짧은 화승총이었다. 따라서 사격의 명수가 되기 위한 조건은 표적에게 최대한 접근하는 것이었다. 접근할 때는 지형을 이용하거나 경우에 따라서는 변장하는 등, 닌자로서의 기술이 활용되었다.

고가에도 '나는 새도 떨어뜨린다'고 정평이 난 철포의 명인 스기다니 젠주보가 있다.[1] 젠주보는 오다 노부나가를 두 차례 저격했지만 탄환이 소매를 스치는 데 그치며 암살은 실패로 돌아갔다.

고가류에는 철포와 관련된 비전서인 『고가류호주쓰히쇼甲賀流砲術秘書』도 남아 있다. 여기에는 철포나 총알의 규격, 화약의 양이 상세히 기록되어 있다.

또한 고가류에는 처음에 불화살을 쏘고 이어서 수류탄 같은 무기인 '호로쿠비야'를 던진 후, 곧바로 철포를 쏘는 기술인 '3단 고속 사격술'도 전해진다. 이는 고가류의 전통적인 연속 화공 전법에 필적하는 기술이다.

이처럼 닌자들도 철포를 활용한 전법을 개발했다. 주무기로 사용하지는 않았을지 모르나 결코 철포를 경시하지는 않았다고 볼 수 있다.

---

1 고가의 닌자가 아니라 히에이산의 승려 혹은 네고로슈였다고 보는 설 등, 그 정체에 관해서는 다양한 설이 있다

철포

화승총은 은밀한 행동에 부적합하다!?

철포는 센고쿠 시대의 혁명적인 무기였지만 닌자에게는 필요성이 별로 높지 않았다. 닌자는 철포를 공격 이외의 목적으로 이용했다고 한다.

화승총
닌자가 활약했던 시대의 철포는 화승총이다. 사정거리가 짧고 명중률도 낮은 데다 굉음까지 울리고 만다. 신속하고 확실한 임무 수행이 신조인 닌자에게 철포는 궁합이 나쁜 무기가 아니었을까.

로켓 불꽃
닌자는 화약을 전투뿐 아니라 통신 수단으로도 사용했다. 전쟁이 없는 에도 시대로 접어들자 자신이 익힌 화약 기술을 살려 불꽃놀이 기술자가 된 닌자도 있었다고 한다.

닌자 FILE

철포의 살상력보다도 커다란 소리에 주목

하쿠라이쥬(하쿠라이즈쓰)(百雷銃)
철포는 그다지 잘 사용하지 않았던 닌자지만 하쿠라이쥬라는 화기는 널리 썼였다. 불을 붙이면 철포와 흡사한 소리가 연속적으로 울리기 때문에 적이 놀란 틈에 도주했다고 한다.

물 위를 걷게 해주는 닌자도구는 존재하지 않았다

해당 시대	무로마치 후기	센고쿠 초기	센고쿠 중기	센고쿠 후기	에도 초기

해당 목적	잠입	정보 수집	암살	도주	공격	전달

✦ 물을 건너기 위한 닌자의 지혜, '미즈구모'의 실제 사용법은?

닌자는 강이나 논을 이용해 이동하거나 구덩이를 파서 성에 잠입하는 경우가 있었다. 이때 헤엄을 치느라 물에 젖어버리면 이후의 임무에 지장이 생기고, 몸이 차게 식으면 체력까지 소진되고 만다. 이러한 사태를 피하기 위해 사용된 닌자의 기술이 바로 '수술水術'로, 사용된 도구는 '수기水器'라고 불린다.

널리 알려진 수기로는 '미즈구모水蜘蛛'가 있는데, 사실 미즈구모의 사용법은 아직까지 밝혀진 바가 없다. 인술서 『반센슈카이』에는 미즈구모의 규격이나 재질은 기록되어 있지만 구체적인 사용법이 쓰여 있지 않기 때문이다. 가장 먼저 떠오르는 장면은 동그란 미즈구모를 두 발바닥에 신은 채 물 위를 걷는 모습이지만 『반센슈카이』에 기록된 크기대로라면 사람이 떠 있을 만한 부력은 발생하지 않는다. 미즈구모가 좀 더 컸으며 중앙에 앉아서 카누처럼 사용했다는 설도 있지만 그렇다면 굳이 동그란 형태일 필요가 없다는 반론이 있다.

설득력이 높은 설로는 해자로 사용된 누마보리沼堀라는 습지를 건너기 위해 사용했다는 이야기가 있다. 평범하게 걸으면 발이 진흙에 빠지지만 미즈구모를 사용하면 진흙 위를 걸을 수 있었다는 것이다.

그 외에 알려진 수기로는 '가메이카다甕筏', '가마이카다蒲筏'가 있다. 가메이카다는 봉을 격자형으로 엮은 후 항아리를 동여맨 뗏목으로, 닌자는 봉 위에 서서 뗏목을 조종했다. 가마이카타는 물가에 자란 부들을 다발로 묶고 여기에 널판을 끼워서 균형을 맞춘 뗏목이다. 닌자는 부들 다발 위에 앉아서 뗏목을 조종했다. 항아리나 부들 모두 쉽게 구할 수 있다는 장점이 있었다.

참고로 닌자들은 부풀린 짐승의 내장이나 표주박을 튜브 삼아 헤엄치기도 했다. 튜브라고는 해도 허리에 끼우는 형태가 아니라 누키테라는 수영법으로 헤엄치기 쉽게끔 어깨에 걸어서 사용했을 것으로 생각된다. 영화나 만화처럼 물 위를 걷지는 못했던 모양이다.

수기

물 위를 자유자재로 이동하게 해주는 도구

목표를 향할 때의 난관은 해자나 강이다. 닌자들은 젖지 않기 위해 수기라 불리는 독자적인 도구를 사용했다.

가메이카다(甕筏)
나무나 대나무를 끈으로 묶고 부력이 생기게끔 항아리 몇 개를 매달아놓은 수제 뗏목이다. 항아리는 절임이나 된장을 담아두기 위한 용기로 비교적 입수하기 쉬웠다.

가마이카다(蒲筏)
물가에 자라는 부들과 나무판으로 만든 뗏목. 닌자는 끈만 있으면 그 자리에서 간이 뗏목을 만들 수 있었다.

닌자 FILE

물 위를 걷는 것은 불가능했다!?
만화로 익숙한 수기라 하면 물 위를 사뿐사뿐 걸어가는 미즈구모가 떠오르지 않을까. 실재했던 것은 분명하지만 크기나 사용법 등, 자세한 사항은 알려지지 않았다.

3장

닌자는 어떤 문이든 따버리는 자물쇠 따기의 프로!

해당 시대					해당 목적					
무로마치 후기	센고쿠 초기	센고쿠 중기	센고쿠 후기	에도 초기	잠입	정보 수집	암살	도주	공격	전달

✦ 굳게 닫힌 문을 열거나 파괴해서 침입

닌자가 적의 저택이나 성에 잠입할 때, 당연히 대문이나 덧문은 닫혀 있다. 그런 문을 열기 위한 도구가 바로 '개기開器(혹은 괴기壞器)'다. 요즘 식으로 말하자면 피킹 툴인데, '괴기'라고 표기한다는 점에서도 알 수 있듯이 경우에 따라서는 문이나 벽을 파괴해서 안으로 침입하기도 했다.

먼저 소개할 대표적인 개기로 소형 톱인 '시코로鋸'가 있다. 당시 일본의 문은 목제였으므로 극단적인 경우 톱질로 자르면 그만이었다. 그렇다고는 하나 커다란 톱을 휴대할 수는 없는 노릇이기에 닌자는 작은 시코로를 휴대했다. 시코로는 덧문 등의 틈새에 밀어 넣어서 사용하는 방식 외에도 송곳 등으로 뚫은 구멍을 후벼서 크게 넓히는 용도로도 쓰였다.

구멍을 뚫는 송곳의 친척뻘로는 '쓰보키리坪錐'가 있다. 흙벽 등에 한쪽 끝을 대고 이를 중심으로 나머지 한쪽을 컴퍼스처럼 돌려서 지름 20cm 정도의 구멍을 뚫는 도구다.

자물쇠를 따는 개기로 널리 알려진 도구가 바로 '도이카키問ㅅ가'다. 안에서 잠긴 덧문을 밖에서 열 때 쓰는 도구다. 당시의 덧문에는 열쇠 구멍이 있었는데, 여기에 도이카키를 넣고 빗장을 들어서 문을 열었다. 열쇠 구멍이 없을 경우에도 빈틈 따위에 도이카키를 억지로 밀어 넣어서 열었다고 한다.

잠긴 덧문이나 대문을 해체해서 여는 방법도 있었다. 당시의 못은 지금의 못과 다르기 때문에 닌자의 못뽑이 역시 지금의 못뽑이와는 형태가 달랐다. 중앙에 구멍이 뚫린 사각형 철판을 못에 대고 철판 구멍이 못의 머리에 걸리게끔 끼운다. 그런 다음 철판 밑에 막대기를 넣어서 지렛대의 원리로 못을 뽑는 것이다. 참고로 풍차형 수리검과 봉수리검을 각각 철판과 막대기로 사용하는 경우도 있었던 듯하다.

개기 ①

아무리 문단속을 해봐야 닌자 앞에서는 무의미!

첩보 활동이 주된 임무인 닌자에게 저택으로의 잠입은 필수 요소였다. 닌자들은 문을 열기 위한 다양한 도구를 준비했다.

개기를 이용해 저택으로 잠입
저택 안으로 잠입할 때는 개기 혹은 괴기라 불리는 도구를 써서 자물쇠를 열거나 문에 구멍을 뚫었다.

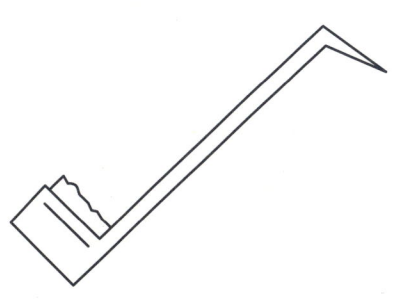

도이카키(問外)
도이카키는 덧문을 열기 위한 도구다. 안에서 빗장을 질러놓은 덧문도 도이카키를 사용하면 백발백중으로 열 수 있었다.

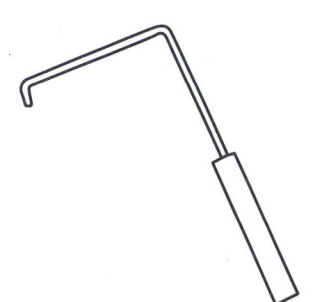

구로로카기(くろろ鍵)
창고 자물쇠를 열기 위한 피킹 툴. 창고의 자물쇠 부분은 문의 안쪽 밑에 있기 때문에 이처럼 특수한 형태의 도구 없이는 열 방법이 없었다.

개기 ②

목공 도구도 닌자가 사용하면 닌자도구가 된다

닌자가 사용했던 개기는 특수한 도구가 아니라 하나같이 누구나 손에 넣을 수 있는 도구들이다. 소지했다 해서 의심을 사는 경우는 없었다.

꺾쇠
목재와 목재를 연결하기 위한 못.
ㄷ자의 형태를 이용해 도이카키와 마찬가지로 덧문을 열 수 있었다.

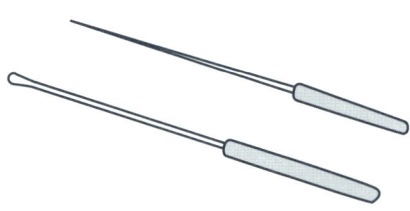

송곳
목재에 구멍을 뚫기 위한 도구지만 피킹 툴로도 사용했다.

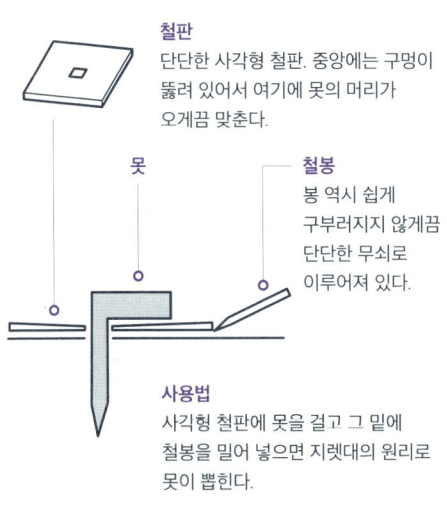

닌자의 못뽑이
철제 봉과 사각형 철판이라는 두 가지 부품만 있으면 닌자는 간단히 못을 뽑을 수 있었다.

철판
단단한 사각형 철판. 중앙에는 구멍이 뚫려 있어서 여기에 못의 머리가 오게끔 맞춘다.

못

철봉
봉 역시 쉽게 구부러지지 않게끔 단단한 무쇠로 이루어져 있다.

사용법
사각형 철판에 못을 걸고 그 밑에 철봉을 밀어 넣으면 지렛대의 원리로 못이 뽑힌다.

닌자 FILE

개기는 무기로 쓰이기도 했다
저택에 잠입하려다 적과 마주치는 경우도 있다. 그럴 때는 개기를 수리검 대신 적에게 던지기도 했다.

개기 ③

문이나 벽을 뚫으면 어떤 저택이든 손쉽게 잠입 가능

자물쇠가 쉽게 열리지 않을 때도 벽에 구멍을 뚫는 도구를 사용해 저택에 잠입할 수 있었다.

시코로(錏)
휴대할 수 있는 휴대용 양날톱을 시코로라고 불렀다. 벽이 나무 재질이라면 간단히 뚫을 수 있었다.

쓰보키리(坪錐)
흙벽에 구멍을 뚫기 위한 도구. 두 갈래로 나뉜 쇠붙이를 회전시키면 지름 20cm 정도의 구멍을 뚫을 수 있었다.

시코로(대형)
지름 60cm의 대형 시코로. 날이 동그랗기 때문에 벽에 직접 날을 닿게 할 수 있었다.

시코로(소형)
날의 길이 12cm, 손잡이는 6cm의 작은 시코로. 큰 시코로보다 소리가 작다는 이점이 있다.

시코로(초소형)
크기 6cm의 매우 작은 시코로. 적의 감옥 같은 곳에 갇혔을 때 탈출하기 위한 도구로 품속에 숨겨두었다.

손잡이가 달린 쓰보키리
손잡이가 달린 쓰보키리는 안정감이 있으므로 소리도 적었다. 벽에 구멍을 뚫는 쓰보키리는 잠입뿐 아니라 뭔가를 훔쳐보거나 엿들을 때도 썼다.

대나무 하나만 있어도 즉석에서 사다리를 만들 수 있었다

해당 시대					해당 목적				
무로마치 후기	센고쿠 초기	센고쿠 중기	센고쿠 후기	에도 초기	잠입	정보 수집	암살	도주	공격	전달

❖ 사다리를 엮어서 높은 성벽을 몰래 등반

성이나 저택에 숨어들려면 높은 돌담이나 담장을 넘어야만 한다. 이럴 때 사용하는 기술이 '등술登術'로, 등술을 위한 다양한 도구를 '등기登器'라고 불렀다.

지금의 우리가 담장을 넘어야 할 때는 사다리를 사용하는데, 높이 올라갈 수 있을 정도로 큰 사다리는 눈에 잘 띄므로 은밀하게 행동하는 닌자에게 적합한 도구는 아니다. 따라서 닌자가 사용하는 사다리에는 독자적인 아이디어가 가미되어 있었다.

'무스비바시고結梯'는 두 개의 대나무에 가로목을 엮은 것으로, 잠입 시설까지 목재를 가져가 사다리가 필요한 장소에서 즉석에서 조립했다. 두 대나무의 간격은 6~8촌(18~24cm) 정도로, 당연히 가로목의 길이도 여기에 준하였으며 옮길 때도 눈에 잘 띄지 않았다. 또한 대나무의 끝을 천으로 감쌌기 때문에 벽에 기댈 때 소리가 나지 않는다는 특징도 있었다.

대나무를 하나밖에 조달할 수 없을 때는 대나무 하나에 가로목을 엮은 '도비바시고飛梯'를 만들었다. 더욱 높은 곳을 오를 때는 무스비바시고의 끝에 도비바시고를 붙인 '구모바시고雲梯'가 활약했다. 대나무가 없을 때는 밧줄에 가로목을 엮은 '마키바시고卷梯'를 사용했다.

저택 담장 등은 칼을 사용해서 넘기도 했다. 칼집에 달린 끈(사게오)을 입에 문 상태에서 벽에 기댄 칼을 발판 삼아 담장 위로 오른 후, 끈을 낚아채서 칼을 회수하는 방식이다. 이 등술은 '쓰리가타나'라고 불렸다.

도구를 쓰지 않고 프리 클라이밍처럼 오르는 경우도 있었으므로 닌자는 등술을 위해 혹독한 수련을 쌓았다. '도라노쓰메虎之爪'는 모래나 자갈을 넣은 그릇에 손끝을 찔러 넣는 단련법으로, 이렇게 손가락 끝을 단련한 닌자는 손가락으로 쌀 한 가마니(무게는 약 60kg)를 들어 올릴 수 있었다. 이렇게 손가락 힘만으로 스스로를 지탱할 수 있게끔 닌자는 60kg이 넘지 않도록 체중을 조절했다고도 전해진다.

주변의 대나무와 나무로 성벽을 오른다

저택의 담장이나 지붕, 성벽과 절벽 등, 닌자는 다양한 장소를 올라야 했다. 등기는 빼놓아서는 안 될 도구였다.

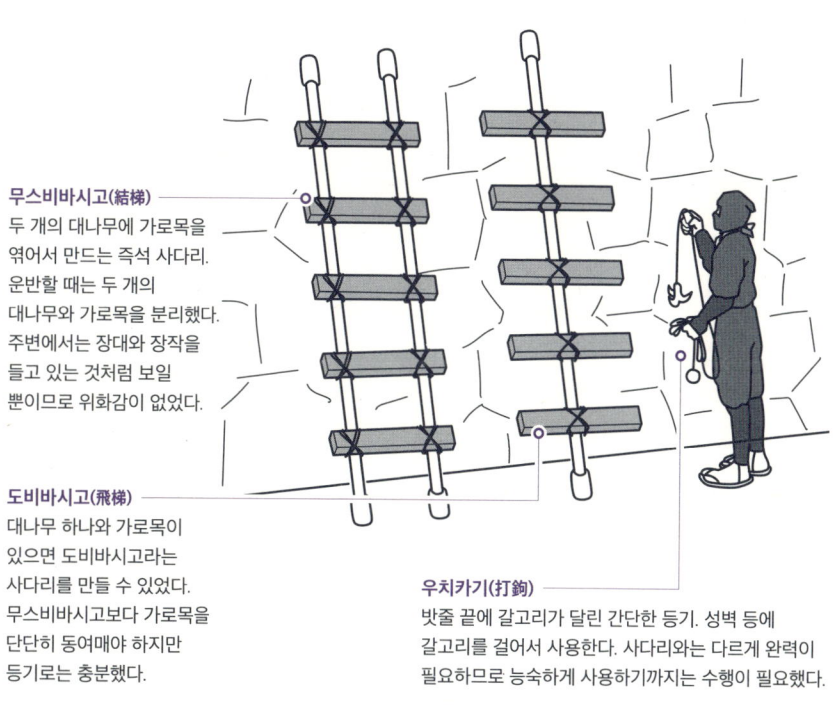

무스비바시고(結梯)
두 개의 대나무에 가로목을 엮어서 만드는 즉석 사다리. 운반할 때는 두 개의 대나무와 가로목을 분리했다. 주변에서는 장대와 장작을 들고 있는 것처럼 보일 뿐이므로 위화감이 없었다.

도비바시고(飛梯)
대나무 하나와 가로목이 있으면 도비바시고라는 사다리를 만들 수 있었다. 무스비바시고보다 가로목을 단단히 동여매야 하지만 등기로는 충분했다.

우치카기(打鉤)
밧줄 끝에 갈고리가 달린 간단한 등기. 성벽 등에 갈고리를 걸어서 사용한다. 사다리와는 다르게 완력이 필요하므로 능숙하게 사용하기까지는 수행이 필요했다.

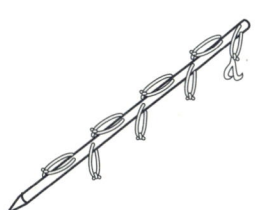

시노비즈에(忍び杖)
수많은 구멍이 뚫린 지팡이에 새끼줄을 달면 간단한 등기가 되었다. 참고로 오를 수 있는 높이는 고작해야 3m였다.

가마야리(鎌槍)
닌자도의 '쓰리가타나(p.82)'와 마찬가지로 창을 세워놓고 낫 부분을 밟아서 벽을 넘어갔다. 물론 무기로도 쓰였다.

대못
사다리를 만들 재료가 눈에 띄지 않을 때는 대못을 사용했다. 성벽이나 담장 틈새에 대못을 꽂아서 등기 대신 사용했다.

구나이는 무기가 아니라 구멍을 파기 위한 도구

해당 시대	해당 목적
무로마치 후기 · 센고쿠 초기 · 센고쿠 중기 · 센고쿠 후기 · 에도 초기	잠입 · 정보 수집 · 암살 · 도주 · 공격 · 전달

✦ 다양하게 사용할 수 있는 만능도구

닌자도구인 '구나이苦無'는 '어려움이 없다'라는 뜻의 일본어 '구가나이苦が無い'에서 유래한다고도 한다. 현대의 서바이벌 나이프처럼 만능으로 사용할 수 있으니 '(이것을 쓰면) 어려울 일이 없다'는 의미에서 널리 쓰였던 모양이다.

크기가 8~40cm 정도로 다양한 구나이에는 두 종류의 형태가 있었다. 하나는 밧줄을 묶는 고리가 있고 끝부분이 뾰족한 '도비쿠나이飛び苦無'다. 만화 등에서 묘사되는 구나이는 이쪽이 더 많은 듯하나 주걱이나 샤미센1의 채처럼 생긴 일반형도 있다.

창작물에서는 무기로 사용되는 구나이지만 실제로는 무기가 아니라 구멍 파기 등에 사용하거나 쐐기로 사용했던 도구로, 닌자는 다양한 상황에서 구나이의 힘을 빌렸다.

도비쿠나이는 해자를 건널 때 사용했다는 설이 있다. 손잡이 쪽의 고리에 밧줄을 묶고 해자 반대편의 벽에 던져서 밧줄을 넘긴 후, 이 밧줄을 타고 반대편으로 이동하는 데 사용하는 것이다.

여기서 유래해 도비쿠나이라는 이름이 붙었지만 사람의 힘으로는 체중을 지탱할 만큼 깊게 꽂을 수는 없었으리라. 실제로는 구나이를 손에 들고 벽에 꽂은 뒤 구나이에 묶은 밧줄을 밑으로 늘어뜨려서 뒤따라올 동료를 돕는, 현대의 등산용품인 하켄처럼 사용했을 듯하다.

일반형은 지면을 파낼 때 주로 사용했다(도비쿠나이도 단단한 지면을 팔 때 사용했다). 앞서 무기가 아니라고 언급했는데, 그 증거로 일반형 구나이의 끝부분에는 날이 세워져 있지 않았다. 하지만 제1차 세계대전과 제2차 세계대전에서 삽이 백병전 무기로 활용되었듯이 경우에 따라서는 닌자도 구나이를 무기로 사용하지 않았을까. 그때는 단순히 던지는 것이 아니라 밧줄을 감아서 휘두르는 방식으로 사용했을 것으로 보인다.

1 일본의 전통 현악기

구나이

다채로운 용도를 갖춘 닌자의 서바이벌 나이프

뾰족한 끝부분 때문에 무기처럼 보이기도 하지만 구나이는 어디까지나 닌자들의 만능도구였다. 구멍 파기나 높은 곳을 오르기 위한 도구로 쓰였다.

구나이의 사용법①
두 손에 든 구나이를 등산용품인 하켄의 요령으로 사용해 성벽을 오른다. 구나이에 밧줄을 묶어서 뒤따라올 동료를 돕기도 했다.

구나이의 사용법②
밧줄을 묶은 구나이를 나무에 던져서 나무 위에 오르기도 했다. 또한 구멍을 파는 삽으로 쓰이는 등, 구나이의 용도는 다양했다.

(일반형)

다양한 용도로 쓰인다
끝부분이 뾰족한 것과 손잡이가 달린 휘어진 것이 있다. 문을 고정시키는 쐐기 외에 나무를 깎거나 지면에 구멍을 파는 데에도 쓰였다.

(도비쿠나이(飛び苦無))

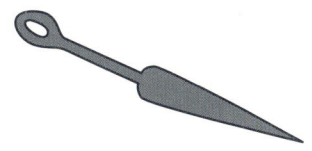

밧줄을 묶기 위한 고리가 달렸다
단단한 지면을 파헤치거나 지면이나 벽에 박아 넣는 쐐기, 벽에 구멍을 뚫기 위한 개기로도 사용되었다.

36 몰래 엿들을 때는 대나무로 만든 통을 사용했다

해당 시대 무로마치 후기 | 센고쿠 초기 | 센고쿠 중기 | 센고쿠 후기 | 에도 초기

해당 목적 잠입 | 정보 수집 | 암살 | 도주 | 공격 | 전달

✦ 수행으로 단련한 청력과 독자적인 집음기로 대화를 엿들었다

천장 위나 마루 밑에 숨은 닌자가 방 안의 밀담을 엿듣는 장면을 사극에서 본 적이 있으리라.

닌자는 이러한 상황을 대비해 청력을 높이고자 작은 소리를 듣는 수행1을 했다. 수행 방식은 무척 간단한데, 숫돌이나 널판에 바늘을 떨어뜨리고 그 소리를 듣는 것이다. 점차 거리를 벌리고 바늘의 개수를 늘려서 몇 개를 떨어뜨렸는지까지 맞힐 수 있게끔 귀를 단련했다.

소리를 더욱 뚜렷하게 듣기 위해 '시노비즈쓰忍び筒'라는 집음기도 이용했다. 대나무 통 한 쪽을 천장 상판이나 마루판, 벽, 문에 대고 반대쪽에는 귀를 댄 채 소리를 들었다.

시대가 지남에 따라 신축이 가능한 황동제 '기키즈쓰聞き筒'도 사용되었다. 크기는 황동의 두께 약 3mm, 지름 약 3cm, 길이 3~6cm. 대나무로 만든 시노비즈쓰보다 금속제 기키즈쓰가 더 잘 울리기 때문에 작은 소리까지 잡아내기 쉬웠다고 한다.

또한 시노비즈쓰에는 도청 외에 다른 사용법도 있었다. 닌자가 천장 위나 마루 밑에 숨어들 때, 먼지 따위에 재채기를 했다간 목숨이 달아나기 십상이다. 그럴 때는 시노비즈쓰를 바닥 따위에 대고 그 안에 재채기를 했다. 이렇게 소리가 새나가지 않도록 막아서 발각당하는 사태를 방지했다.

참고로 저택을 수색할 타이밍은 사람들이 자고 있을 때뿐이었다. 따라서 닌자들은 사람들이 정말로 숙면을 취하고 있는지 아닌지를 숨소리를 듣고 확인했다. 이럴 때 시노비즈쓰나 기키즈쓰가 한 몫 했음은 새삼 설명할 필요도 없으리라. 참고로 이러한 이유로 인술서인 『반센슈카이』, 『쇼닌키』 모두 수면에 대한 내용이 남아 있으며, 사계절에 따른 수면 상태의 차이를 다룬 『사계절의 수면을 구분하는 대략적인 방법四季弁眠大概』이라는 전문 인술서까지 있다.

1 p.33 참조

시노비즈쓰	**정보를 입수하기 위한 도청 기술** 적의 정보를 훔쳐내는 것은 닌자의 중요한 임무였다. 작게 소곤거리는 밀담까지 들을 수 있게끔 다양한 방법을 강구했다.

시노비즈쓰·기키즈쓰
(忍び筒·聞き筒)
마디를 자른 짤막한 대나무로 만든 도청기. 신축 가능한 금속 제품은 '기키즈쓰'라고 불렸으며, 이쪽이 더 소리를 잡아내기 쉬웠다.

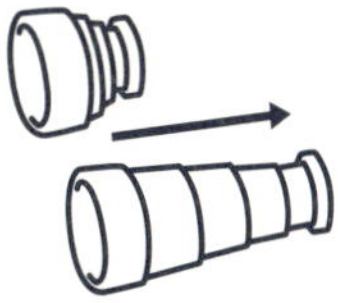

천장이나 마루 밑에 잠입할 때면 닌자들은 반드시 시노비즈쓰를 소지했다. 집음 효과가 있으므로 방 안의 대화를 또렷하게 엿들을 수 있었다.

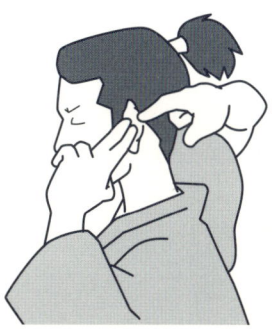

청력 훈련
청력을 향상시키기 위해 귀 뒷부분을 손가락으로 누르는 훈련을 했다. 또한 귀를 당기거나 때려서 자주 마사지를 했다.

닌자 FILE

코골이나 숨소리로 수면 상태를 확인했다
닌자는 집주인의 코골이나 잠꼬대, 뒤척임 등을 통해 수면 상태를 확인했다고 한다. 인술서에는 '사람이 깊게 잠들면 숨소리가 불규칙하고 깨어 있을 때는 규칙적이다. 또한 깊게 잠든 뒤로는 두 시간마다 눈을 뜬다'라는 기록이 남아 있다. 이는 수면 사이클인 '렘수면'과 '비(非)렘수면'의 특징과 일치한다. 닌자는 현대 의학이 증명하기 전부터 이 차이를 경험적으로 알고 있었던 듯하다.

약과 독 모두에 정통한 닌자는 센고쿠 시대의 약사

해당 시대					해당 목적					
무로마치 후기	센고쿠 초기	센고쿠 중기	센고쿠 후기	에도 초기	잠입	정보 수집	암살	도주	공격	전달

✦ 믿기지 않을 정도로 신기한 비약이 한가득!

산속에서 수행하는 경우도 많았던 닌자들은 들풀과 약초에 해박했다. 이 지식을 살려 다양한 비약과 독약을 만들어냈다고 한다.

핫토리 한조 가문의 비전서 『시노비히덴』에는 심신 안정과 피로 회복 효과가 있는 '센보묘야쿠仙方妙薬'가 소개되어 있다. 재료는 검은콩과 마 열매로, 한 번 마시면 7일 동안은 아무것도 먹지 않아도 된다고 한다. 믿기 힘든 효능이지만 마 열매는 대마의 씨앗을 말한다. '마 열매'란 암호일 뿐 실제로는 건조 대마를 사용했을지도 모른다.

인술의 일파인 구스노키류의 비전서 『쇼닌키』에는 복통을 가라앉히기 위한 '무시구스리虫薬'라는 특효약이 소개되어 있다. 바로 '황백黃柏'이라는 약으로, 산지에서 자라는 황벽나무의 껍질이 원료라고 한다.

독약으로는 『반센슈카이』에서 소개된 '마친まちん'이 널리 쓰였다. 마전자라는 나무의 씨앗으로 만든 독약으로, 잠입할 저택에 경비견이 있을 경우 구운 밥에 섞어서 먹였다고 한다. 구운 밥에 섞은 이유는 매우 쓴맛을 감추기 위함이었다.

『반센슈카이』에는 상대방의 정신에 영향을 미치는 '아호구스리阿保薬1'도 기재되어 있다. 아호구스리는 말린 대마로, 차에 섞어서 상대방에게 먹였다.

약 이외에는 휴대용 비상식량도 만들었다. 고슈류 인술의 비전서인 『로단슈老談集』에는 찹쌀, 참마, 얼음사탕, 계심2 등을 섞은 '효로간'이 실려 있다. 30알로 하루 치 칼로리를 섭취할 수 있었다고 한다. 『반센슈카이』에도 위급시의 휴대식량으로 '기카쓰간'이 소개되어 있다. 조선인삼, 메밀가루, 술 등을 섞어서 빚은 것으로 하루 세 알이 세 끼 대용이었다고 하며, 물이 부족할 때를 위한 '스이카쓰간'도 소개되어 있다. 재료는 매실절임 등으로, 침을 분비시켜 일시적으로나마 갈증을 잊게 해주었다고 한다.

---

1 아호란 바보, 구스리는 약이라는 뜻
2 혈액순환을 좋게 해주는 나무껍질

닌자들의 약 ①

닌자는 약과 독약 모두 만들 수 있었다

닌자가 약장수로 변장하는 경우가 많았던 이유는 들풀에 관한 풍부한 지식 덕분에 약을 조제할 줄 알았기 때문이다.

닌자는 프로 약초꾼
산속 수행을 통해 들풀에 관한 지식을 자연스럽게 터득한 닌자들은 약이나 독약을 만들 줄 알았다. 이가와 고가의 닌자들이 거주하는 일대는 다른 지역보다 약초나 독초가 많이 자생하고 있었기 때문에 약 제조에 특히 능했다.

닌자가 주로 사용한 약초와 독초

삼백초
진통이나 해독 효과가 있는 약초. 일본 각지에서 자생하며, 말려서 복용하거나 날것을 그대로 먹기도 했다.

바곳
일본의 3대 유독성 식물 중 하나라고 하는 독초. 먹으면 구토, 호흡 곤란, 장기 부전 등을 일으켜 죽음에 이르기도 한다.

쓴풀
가장 쓰다고 알려져 있는 일본 고유의 생약으로 한방약은 아니다. 먹으면 설사나 복통이 가라앉는다고 한다.

육계
녹나무과로 분류되며 1년 내내 푸른 잎이 무성한 상록수. 달여 마시면 진통 효과가 있다고 전해졌다.

양귀비
마약인 아편의 원료. 몰핀을 비롯한 알칼로이드 성분이 의존증이나 금단증상을 일으킨다.

닌자들의 약 ②

닌자들은 독도 서슴지 않고 사용했다

닌자처럼 어둠 속을 살아가는 존재들은 이목을 끄는 정면 승부를 피해야만 했다. 따라서 아무도 모르게 적에게 독약을 먹이기도 했다.

경비견 대책
큰 소리로 짖어대는 개는 닌자들의 천적이다. 마전자라는 나무 열매로 독약을 만들어서 구운 밥에 섞어 먹였다. 마전자에 함유된 스트리크닌이라는 유독 성분은 위의 소화를 돕는 효능도 있기 때문에 극히 미량이라면 위장약으로도 사용할 수 있었다.

아호구스리(阿保薬)
먹으면 바보가 되는 약. 내용물은 말린 대마로, 묽게 차를 우려서 마시게 했다. 닌자들은 망상이나 환영, 환각 등에 시달리는 상대방을 교묘하게 유도해서 정보를 캐냈다.

눈 공격용 분말
들풀이 아니라 가뢰라는 독충을 빻아 만든 가루를 상대방의 얼굴에 뿌렸다. 또한 고춧가루나 황을 빻은 가루를 사용했다는 설도 있다.

닌자들의 약 ③

지금까지 전해지는 닌자들의 독약

과학이 발달한 현대의 관점에서 보자면 닌자들의 약은 하나같이 의심스럽다. 하지만 신빙성 높은 약도 여럿 전해진다.

믿을 수 없는 약효의 진실은?
다양한 인술서에는 한 번 먹으면 일주일 동안 버틸 수 있는 센보묘야쿠(仙方妙薬)나 영원*, 두더지, 뱀의 피로 만드는 수면제 등, 믿기 힘든 약효에 대한 기록이 남아 있다. 이러한 기록은 중국의 선술서를 모방한 것이라 한다.

*도마뱀을 닮은 양서류의 일종

색깔별로 나눈 약 봉투
약과 독약을 색이 같은 종이로 쌌다간 헷갈릴 가능성이 있다. 약 봉투는 색깔을 달리 해 오용을 막았다.

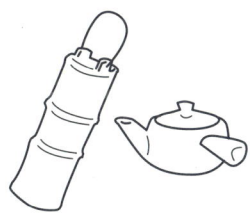

숙차독(宿茶毒)
진하게 우린 옥로차(茶)를 한 달 동안 방치한 뒤 날마다 두세 방울씩 먹이면 70일쯤 지났을 때 병이 나서 죽음에 이른다고 한다.

자카라시(座枯らし)
청매실에서 추출한 독약. 청매실에 함유된 청산은 인체에 들어가면 호흡 곤란이나 현기증을 일으킨다.

> **column**
>
> **약에 관한 지식은 중국 이민자들로부터!?**
>
> 아무리 들풀이 많은 산속에서 수행을 오래 쌓았다 하더라도 닌자들의 약이나 독초에 관한 깊은 조예는 쉽게 터득할 수 있는 수준이 아니었다. 이가나 고가에는 중국 대륙에서 건너온 사람들이 예전부터 정착해서 살아왔다. 한방약에 관한 이들의 지식이 닌자에게 전해졌다는 설이 있다.

칼럼 ③

신체 능력뿐 아니라
머리도 좋았다!

높은 문해율을 자랑했던 이가와 고가 주민들

　　에도 시대 일본인의 문해율이 높았던 이유는 서당의 존재에 기인하는 바가 큰데, 닌자가 활약했던 무로마치 시대부터 센고쿠 시대의 문해율은 과연 어땠을까? 선교사 프란치스코 하비에르에 따르면 일본인 남녀는 대부분이 읽고 쓸 줄 알았다고 한다. 그중에서도 오미近江(지금의 시가현)의 문해율은 특히 높았다. 교토나 나라와 가깝고 사찰이 많은 오미에서는 독경을 접할 기회도 많았으며 노가쿠나 가구라1, 길거리 예능인들의 『헤이케모노가타리平家物語2』 공연 등, 다양한 무대가 펼쳐졌기 때문에 서민들은 이러한 예능을 접하는 과정에서 지식을 익히고 문자를 습득했다. 이가·고가모노 등의 닌자들도 이 지역에서 배출된 만큼 지적 수준이 꽤나 높았을 것으로 생각된다. 첩보 활동에 나서는 닌자에게 당연히 읽고 쓰기는 필수였다. 지적이지 않으면 맡을 수 없는 임무였던 것이다.

1　노가쿠는 일본의 전통 가면극, 가구라는 신에게 제사를 지낼 때 연주하는 무악을 의미한다
2　다이라 가문의 흥망성쇠를 다룬 일본의 군담문학

4장

임무의 법도

닌자들은 역사라는 무대의 뒤편에서 활약했다. 이들은 현장에서 인술을 어떻게 사용했고 어떻게 임무를 수행했을까. 또한 센고쿠 다이묘는 전시에 닌자를 어떻게 활용했을까. 이번 장에서는 이러한 알려지지 않은 닌자들의 활약에 대해 밝혀보겠다.

파괴 공작부터 암살까지 비밀 임무는 무엇이든 수행했다

해당 시대					해당 목적				
무로마치 후기	센고쿠 초기	센고쿠 중기	센고쿠 후기	에도 초기	잠입	정보 수집	모략	암살	공격	전달

✦ 어둠의 비밀 집단으로서 난세에 활약했던 닌자들

센고쿠 시대, 다이묘나 여러 세력들은 가신단과는 별개로 특수한 기술을 구사하며 어둠 속에서 암약하는 비밀 집단을 거느리고 있었다. 닌자라 불리는 이들의 특기는 주로 첩보 활동, 모략, 암살, 게릴라전이었다. 그중에서도 닌자들의 진면목은 첩보 활동으로, 이를 위한 여러 기술, 전문 도구 등이 개발되었다. 닌자가 센고쿠 시대의 스파이라고 불린 까닭이다.

적의 본거지에 잠입해 그 지역의 사람들이나 풍토, 정치·경제적 상황을 파악한다. 더불어 군사력이나 병량의 비축 상황 등, 막상 전쟁이 벌어졌을 때 필요한 정보도 가능한 한 수집한다. 이것이 닌자들의 기본적인 임무였다. 더욱 중요한 정보를 얻기 위해 때로는 적지에 몇 년 동안 머무르기도 했다고 한다. 그들은 성이나 저택과 같은 거점에 숨어들기 위해 하인으로 들어가거나 행상인으로 변장하기도 했다. 이렇게 얻은 정보를 확실하게 가지고 돌아간다. 이야말로 첩보 활동 전반에 걸쳐 가장 중요한 임무였다.

암살과 같은 더러운 임무나 전장에서의 교란 작전 등의 모략 역시 닌자의 특기였다. 암살을 수행할 때는 작전을 펼치기 전의 사전 준비뿐 아니라 경호원의 배치 상태, 경호 태세에도 정통해야 했다. 어떻게 상대 경호원의 눈을 피해 목표물에 접근하고 목적을 수행한 후 현장에서 이탈할 것인가. 그 일련의 흐름을 구상할 줄 안다면 반대로 뛰어난 보디가드도 될 수 있었다. 상대가 어떻게 나올지가 예측 가능하기 때문이다. 따라서 요인 경호 역시 닌자들의 중요한 임무였다.

적진에 잠입해 거짓 정보를 퍼뜨리거나 거점에 불을 질러 적을 혼란케 하는 등, 교란을 목적으로 한 특수 공작도 닌자들의 임무 중 하나였다. 전투는 전장에서만 완결되는 것이 아니다. 센고쿠라는 난세의 이면에서는 닌자들의 조용한 투쟁이 벌어지고 있었던 것이다.

임무

닌자의 주된 역할 네 가지

닌자들은 비밀공작의 전문가로서 활약했다. 이들의 임무는 주로 네 가지였다.

정보 수집
닌자의 가장 중요한 임무는 적의 정보를 파악하는 것이다. 변장하고 성이나 저택에 잠입하거나 적국에 거주하며 현지의 정보를 수집하기도 했다.

방첩
자국의 정보를 지키기 위해 적국의 닌자를 암살하거나 배신자를 찾아내 감시했다. 중요 인물을 경호하는 닌자도 있었다.

모략
거짓 정보를 흘려 적국을 혼란에 빠뜨려서 내부에서부터 붕괴시킨다. 적국에서 아군을 만들거나 가짜 배신자를 보냈다.

비정규전
진군 저지나 화공 등의 '게릴라전'을 가리킨다. 함정을 파거나 적국의 병량 및 건물에 불을 지르는 파괴 공작을 수행했다.

4장

임무의 법도

39 닌자의 고용 형태는 정규직과 파견직으로 나뉘어 있었다

해당 시대 무로마치 후기 | 센고쿠 초기 | 센고쿠 중기 | 센고쿠 후기 | 에도 초기

해당 목적 잠입 | 정보 수집 | 모략 | 암살 | 공격 | 전달

✦ **정보전을 유리하게 전개하기 위해 군웅들은 적극적으로 닌자를 이용했다**

센고쿠 시대에는 군웅들이 천하통일을 꿈꾸며 격전을 펼쳤다. 각지의 다이묘들은 부국강병을 내세우는 한편으로 정보전에도 상당한 무게를 두고 있었다. 그 주역이 바로 닌자였다.

무사가 전장을 누비며 각광을 받는 빛의 존재라면 닌자는 햇살이 닿지 않는 곳에서 살아가는 어둠의 존재다. 임무 실패는 죽음을 의미했고, 성공했다 한들 이름이 남지도 않는다. 그럼에도 정보가 승패의 열쇠를 쥔 센고쿠 시대였기에 첩보 활동이 특기였던 이들 닌자 집단의 가치는 높았다.

센고쿠 다이묘들이 그런 닌자의 가치를 인식하게 된 것은 무로마치 시대에 벌어진 마가리의 진이 계기였다고 한다. 조쿄 원년(1487년), 쇼군 아시카가 요시히사가 오미국國의 슈고守護[1] 롯카쿠 다카요리를 토벌하기 위해 병사를 일으켰을 때, 산속으로 도망친 다카요리는 고가슈와 이가슈를 이용해 게릴라진을 펼쳐 쇼군 측을 몹시 애먹였고, 이를 기점으로 닌자의 활약상이 널리 알려지기 시작

했다. 이후 고가와 이가의 닌자들은 닌자 부대로서 파견 직원처럼 각지의 다이묘에게 부름을 받았다.

또한 스스로 닌자 집단을 조직해서 육성했던 무장들도 있었다. 오다 노부나가의 교단饗談, 다케다 신겐의 미쓰모노三ツ者, 우에스기 겐신의 후시카기伏䇝, 다테 마사무네의 구로하바키구미黒脛巾組 등이 대표적이다.

참고로 닌자라는 통일된 명칭은 후대에 생겨난 것으로, 에도 시대 이전에는 이들 닌자 집단마다 부르는 명칭이 달랐다.

정보전을 제압하기 위해, 혹은 게릴라 활동에 나서는 특수부대로서, 이처럼 센고쿠 다이묘들은 당연하다는 듯 닌자들을 거느리고 있었다. 닌자를 적절히 이용하는 것이야말로 군웅할거의 시대를 살아남기 위한 효과적인 수단이었던 셈이다. 만약 이 시대에 닌자가 존재하지 않았다면 일본의 역사는 전혀 다르게 흘러갔으리라 해도 과언이 아니다.

---

[1] 무사 신분의 지방 행정관

닌자의 고용 방식

전국 각지에 있던 닌자의 고용 시스템

닌자의 고용 시스템은 주로 두 가지였다. 다이묘들에게 고용되어 각지로 파견되는 닌자와 독자적인 군단으로 육성된 닌자들이 존재했다.

파견직 닌자들

마가리의 진이나 제1차 덴쇼 이가의 난에서 활약한 이가·고가모노는 각지의 센고쿠 다이묘들에게로 파견되었다.

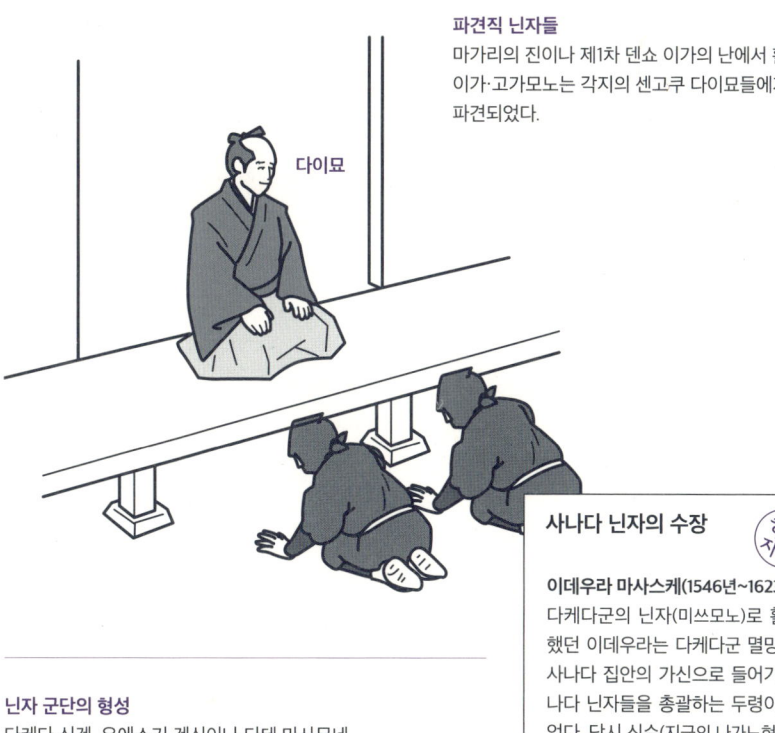

다이묘

사나다 닌자의 수장

증거자료

이데우라 마사스케(1546년~1623년)
다케다군의 닌자(미쓰모노)로 활약했던 이데우라는 다케다군 멸망 후 사나다 집안의 가신으로 들어가 사나다 닌자들을 총괄하는 두령이 되었다. 당시 신슈(지금의 나가노현) 주변에는 1,000명에 달하는 닌자들이 있었다고 하는데, 그 수장으로서 닌자의 육성에 힘을 쏟았다.

닌자 군단의 형성

다케다 신겐, 우에스기 겐신이나 다테 마사무네 등이 이용한 닌자들은 독자적으로 육성해 조직한 닌자 집단이었다.

당의 수장

4장

살인조차 정의라고 생각한 닌자들의 정신 단련법

해당 시대					해당 목적					
무로마치 후기	센고쿠 초기	센고쿠 중기	센고쿠 후기	에도 초기	잠입	정보 수집	모략	암살	공격	전달

✦ 사리사욕을 버린 '정심'은 닌자의 필수 덕목

에도 시대에 정리된 대표적인 인술서 『반센슈카이』는 닌자의 중요한 마음가짐인 '정심正心'에 대해 자세히 언급하고 있다. 정심은 문자 그대로 올바른 마음을 가리키는데, 이는 우리가 아는 선량함과는 거리가 멀다.

닌자는 임무 중에 당연하다는 듯 누군가를 속이거나 남의 것을 훔치고, 때로는 방화나 살인마저 저지르는 경우도 있다. 모두 현재는 물론 당시의 도덕관념에 비추더라도 어엿한 범죄 행위다. 그렇다 하여 양심의 가책이나 망설임이 생겼다간 임무를 제대로 수행할 수 없을 터. 상당한 마인드 컨트롤 능력이 필요해진다. 그리하여 요구된 개념이 정심이다.

『반센슈카이』는 중국의 사상가인 공자의 말을 인용하며 닌자로서의 각오를 강요한다.

'기본난이말치자부의其本亂而末治者否矣.'

매사에는 반드시 시작하는 '본本'과 끝나는 '말末'이 있는데, 자신의 몸이 흐 드러져서야 가정이나 천하를 다스릴 수 없다는 뜻이다. 유교서인 『대학大學』에도 등장하는 한 구절이다.

닌자의 생활 방식에 비추어보자면 정심이야말로 '본'이다. '말'은 모략이나 암살 등의 공작에 해당한다. 즉, 마음에 흐트러짐이 있어선 임무를 완수할 수 없다는 뜻이다. 따라서 인의충심仁義忠心의 정신을 잊어서는 안 된다고도 설파했다.

사리사욕을 버리고 충성을 맹세한 주군의 말에 따를 것. '나는 죄를 저지르고 있는 건 아닐까'와 같은 망설임은 버리고 신념에 따라 행동할 것. 그러면 결과는 따라오기 마련이다. 즉 정심이란 닌자가 임무를 수행할 때 생기는 망설임을 떨쳐내기 위한, 자기 정당화를 위한 가르침인 셈이다. 국가를 위해, 섬기는 주군을 위해 고용되어 있을 때만큼은 인술은 범죄가 아니라는 사고방식이었다.

닌자의 정신

인술을 악용해서는 안 된다!
인술을 도둑질의 수단으로 삼지 않기 위해 다양한 규칙을 강제했다. 닌자들의 임무는 범죄에 가까웠지만 뜻밖에도 이러한 규칙들은 엄수해야 했다.

서약서 작성
닌자가 인술을 전수받을 때는 설령 부모 형제라 해도 인술을 가르쳐서는 안 된다는 계약서를 썼다.

인의충신(仁義忠信)
닌자는 사욕을 버리고 주군에게 봉사했다. 스스로를 희생해서라도 임무를 완수하고, 절대적인 충성을 맹세했다.

부동심(不動心)
술, 여자, 금전 등에 현혹되어 임무를 그르치는 경우도 많았다고 한다. 항상 금욕적인 삶을 마음에 새겼는데, 목숨이 위험한 상황에서도 동요하지 않는 정신인 '부동심'이 요구되었다.

닌자 FILE

인술의 세 가지 병
두려움·방심·지나친 생각이 인술의 세 가지 병으로 통했다. 임무 중, 적을 두려워해 긴장하거나, 적을 우습게 여겼다가 위험한 상황에 처하거나, 생각이 지나쳐 망설임이 생겨난 탓에 임무에 실패하는 경우가 있었기 때문이다.

4장

열 가지 조건을 충족한 자만이 최고 등급의 닌자가 될 수 있다

해당 시대
무로마치 후기 | 센고쿠 초기 | 센고쿠 중기 | 센고쿠 후기 | 에도 초기

해당 목적
잠입 | 정보 수집 | 모략 | 암살 | 공격 | 전달

✦ 열 가지 조건을 해결한 자가 정식으로 조닌이라 불렸다

창작물 등에서 묘사되는 조닌上忍·주닌中忍·게닌下忍과 같은 신분 계급제도는 실제로 존재하지 않았다. 이들은 단순히 기술에 따라 구별되었다. 이가·고가에서 전해지는 인술을 모두 집대성한 『반센슈카이』에서는 닌자의 마음가짐으로 다음의 열 가지 조건이 언급되어 있는데, 조닌이란 이 모든 조건을 충족한 자를 말한다. 이른바 닌자의 이상형과도 같은 존재를 가리킨다.

① 충의, 용맹, 지모, 경험, 신의의 다섯 가지를 겸비했으며 심신 모두 건강한 자.

② 평소 온화하고 의리가 두터우며 욕심이 없고 배움을 즐기며 몸가짐이 바르고 은혜를 잊지 않는 자.

③ 화술이 뛰어나고 지모에 능통하며 남에게 속는 것을 무척 싫어하는 자.

④ 자신의 천명을 알고 유학이나 불교의 도리를 배워 삶과 죽음이 천명에 달렸음을 깨달아 욕심을 버릴 것을 평상시 유념하는 자.

⑤ 무사의 규범을 즐겨 배우고 무사의 충의를 중히 여겨 주군을 대신해 죽을 수 있는 자. 또한 지모를 이용해 이름있는 인물의 동향에 정통하고, 군학 및 병학에 관심이 많으며 영웅의 기질을 갖춘 자.

⑥ 타인과의 논쟁을 즐기지 않고 온화하지만 위엄이 있으며 인의가 두텁고 표리가 없는 자.

⑦ 처자와 친족들이 모두 바른 마음을 지녀 배신할 가능성이 없는 자.

⑧ 각지의 인심이나 기후, 풍토에 정통한 자.

⑨ 인술을 열심히 익히고 모략, 계략에 민감하며 글재주가 있고 인술에 숙달해 있으며 군사적으로 높은 뜻을 품은 자.

⑩ 군술軍術뿐 아니라 여러 예능에도 능해 시문이나 우타이謠, 고우타小唄, 효시拊子 등의 춤과 노래, 흉내 내기 등의 유희에 이르기까지 임기응변으로 구사할 수 있는 자.

여기에 더해 이름이 알려지지 않은 사람이어야만 했다.

이상적인 닌자

너무나 유능한 상급 닌자들의 다양한 재주

조닌이 되려면 다양한 능력이 필요했다. 이를 모두 겸비한 닌자는 적었다고 한다.

소통능력
화술이 뛰어나 설득력이 있고 지모에 능하며 남에게 속기 싫어하는 사람. '오정오욕의 이치'(p.41)를 구사하며 상대방과 대화했다.

건강
충의, 용맹, 지모, 경험, 신의의 다섯 가지를 겸비했으며 심신 모두 건강한 사람. 각지를 돌아다닐 수 있는 체력이 필요했다.

예능
시문이나 춤, 흉내 내기 등 다양한 예능을 임기응변으로 구사할 수 있는 사람. 기술이 없다면 겉모습만 변장해봐야 의미가 없다. 각종 예능을 몸에 익혀야 했다.

학식
학문을 즐겨 인술이나 무사의 규범을 열심히 익히고 병법에 높은 뜻이 있는 사람. 유학서, 병법서 등을 읽으며 매사에 폭넓은 지식을 몸에 익혔다.

여행
여러 국가를 자주 돌아다녀서 각지의 기후나 사람, 풍토를 잘 아는 사람. 각지에서 다양한 정보를 수집해 어떤 사건이 벌어질 징조를 발견하면 그 대응책을 찾았다.

4장

임무의 법도

42 길을 잃었을 때는 말의 뒤를 따라 걸었다

해당 시대					해당 목적				
무로마치 후기	센고쿠 초기	센고쿠 중기	센고쿠 후기	에도 초기	잠입	정보 수집	모략	암살	공격	전달

✦ **험난한 설산을 넘을 때는 말의 등에서 눈을 떼지 마라**

산은 날씨가 자주 바뀐다. 특히 겨울에는 갑작스럽게 눈보라와 맞닥뜨리기도 한다. 눈앞은 전혀 보이지 않고 발밑은 불안해 언제든 조난될 위험이 있다.

닌자가 임무를 위해 어쩔 수 없이 겨울 산에 발을 들일 때는 산을 잘 아는 안내인이나 지형에 익숙한 말의 등에서 눈을 떼지 않도록 했다. 눈이 내리면 길을 잃기 쉬워진다. 이럴 때는 지팡이를 지면에 꽂아 손에서 느껴지는 감각으로 길의 유무를 확인했다. 그마저 어렵다면 설산에 익숙한 늙은 말에게 길잡이를 맡겼다.

산은 비탈도 위험하다. 골짜기에서 불어오는 바람이 몹시 강하기 때문이다. 겨울에는 특히 눈으로 덮여 있기 때문에 미끄러질 위험도 있다. 실제로 『쇼닌키』에서도 설산을 넘을 때는 비탈을 피하고 '산허리(능선)를 따라야 한다'고 주의를 남겼다.

준비해둔 물이 떨어졌을 때면 닌자들은 자신의 경험적 지식에 의존해 물을 구했다. 이때의 기준은 개미나 땅강아지 구멍이 있는 곳이나 골짜기에 벗풀, 제비붓꽃 등이 군생한 장소다. 까마귀 깃털을 지면에 꽂거나 동굴 바닥에 수건을 깔아 얼마나 축축해졌는지를 통해 수원지의 유무를 추측하기도 했다. 그 밖에 시간과 노력이 필요하지만 바닥을 1m 정도 파서 지면에 귀를 대고 물소리를 찾기도 했다.

사람이 지나는 곳이라면 사찰이나 신사가 있을 때도 있고, 빈 오두막 따위를 빌려 하루를 넘기기도 했지만 산속이라면 그러기도 여의치 않다. 야영을 할 경우, 닌자는 나무 사이에 칼의 사게오[1]를 꿰고 외투 등을 걸쳐놓은 간이 텐트를 만들어 밤이슬을 피했다. 또한 예상치 못한 적이나 짐승의 습격에 치명상을 입지 않도록 쉴 때는 심장이 있는 좌반신을 바닥 쪽으로 두고 누웠다. 이러한 야영법을 '야와법野臥法'이라고 한다.

1 p.80 참조

생존 기술 ①

불이나 닌자도구를 효과적으로 활용한 닌자의 야영술
당시의 산과 들에는 위험한 짐승이 많았다. 닌자는 모닥불을 밤새 피우거나 심장을 아래쪽으로 하고 자는 등의 대책을 취했다.

야영술

텐트
입고 있는 외투를 칼의 사게오 끈에 걸고 텐트를 쳐서 밤이슬이나 비바람을 피했다.

모닥불
밤에는 짐승의 습격을 받지 않기 위해 계속 불을 피웠다.

POINT
모닥불 밑에서 쌀을 익혔다
물에 적신 쌀을 수건으로 감싼 뒤 땅에 묻고, 그 위에 모닥불을 피우면 열기에 밥이 지어졌다.

사게오(下緖)
나무와 나무 사이에 사게오를 묶어서 간이 텐트를 만들었다.

지고타쓰(地ごたつ)
추운 밤에는 모닥불의 열기에 따뜻해진 지면 위에서 잤다. 잘 때는 심장을 바닥 쪽으로 가까이 두고 옆으로 누워서 짐승이나 적의 습격을 받더라도 치명상을 입지 않게끔 했다.

---

column

닌자라도 노숙은 피곤하다

닌자라 해도 야산에서 계속 노숙을 하다 보면 체력이 소모된다. 빈 사찰이나 신사, 오두막이나 마루 밑 등 안전한 곳을 찾아서 묵었다. 또한 대나무를 지붕으로 삼아 비밀 기지를 만들어서 밤이슬을 피하기도 했다.

생존 기술 ②

동물이나 지형을 살피면 설산에서도 길을 잃지 않는다

산이나 설산은 인적이 드물어 조난당할 위험이 있다. 닌자는 동물이나 지형의 상태를 관찰해 안전한 길을 찾아냈다.

풀을 엮는다
풀을 엮어서 임무를 마치고 돌아오는 길에 헤매지 않기 위한 표식으로 삼았다.

동물의 상태를 확인한다
새나 짐승이 사람에게 익숙한지 아닌지를 확인한다. 몹시 두려워할 경우에는 인적이 드물다는 뜻이다.

말이 지나간 길을 걷는다
많은 눈이 내려서 길을 알아보기 힘들 때, 그 지역의 말을 앞장세워서 걸었다. 말은 길을 알고 있기 때문에 지형이 나쁜 곳을 피해 걸을 줄 알았다.

능선을 따라 걷는다
산비탈은 바람이 강하고 길이 무너질 위험이 있다. 반면 능선은 넓고 안전하며 시야도 확 트여 있다.

닌자 FILE

닌자들의 손난로 '도비'

닌자는 추위를 막고자 '도비(胴火)'라는 손난로를 휴대하고 다녔다. 길이 15cm 정도의 동판으로 만든 통 안에 천·흙·식물의 연료를 넣어두고 사용할 때는 뚜껑으로 불을 붙였다. 화약의 종류에 따라 불의 지속시간이 달라지는데, 검게 태운 개여뀌는 한나절이나 갔다고 한다.

생존 기술 ③

닌자는 물이 어디 있는지 알고 있었다?

사람은 물 없이는 살 수 없다. 닌자들은 지형을 보고 물이 어디에 있을지 판단한 뒤, 도구를 써서 마실 물을 만들어냈다.

물을 찾는 방법

닌자는 구멍을 파거나 수건 등을 사용해 물의 위치를 찾았다. 또한 벌레나 식물을 관찰해 물이 있는 곳에서 찾아볼 수 있는 특징을 확인했다.

구멍을 판다
바닥을 1m 정도 파고 지면에 귀를 대서 소리가 느껴진다면 지하수나 근처에 수원이 있다고 판단했다.

물가에 서식하는 식물이 자란 곳을 판다
저지대에 제비붓꽃이나 갈대 등 물가에서 서식하는 식물이 자란 곳을 파보면 물이 나온다.

동굴 바닥에 수건을 깐다
동굴 바닥에 수건을 깔아두고 다음 날 젖어서 무거워졌다면 근처에 수원이 있다는 뜻이다.

닌자 FILE

3척 수건을 써서 물을 만든다

3척 수건은 닌자의 여섯 가지 도구 중 하나로, 물을 여과하는 데에도 쓰였다. 이 수건은 다목이라는 식물로 염색했기 때문에 살균 성분이 함유되어 있다. 비가 내려 탁해진 강이나 타국의 물을 마실 때는 배탈이 나지 않게끔 물을 걸러서 마셨다.

4장

임무의 법도

인상이나 태도로 본심을 꿰뚫어보는 닌자의 뛰어난 분석 능력

해당 시대					해당 목적				
무로마치 후기	센고쿠 초기	센고쿠 중기	센고쿠 후기	에도 초기	잠입	정보 수집	모략	암살	공격	전달

✦ 인상이나 표정을 통해 상대의 인물됨을 알아내는 찰인술

대부분의 정보는 사람과의 대화를 통해 얻어진다. 따라서 닌자들은 반드시 사람 보는 눈을 갈고 닦아야 했다고 볼 수 있다. 찰인술察人術은 이를 위한 기술이다.

상대방의 자세나 행동, 말투나 목소리의 느낌, 안색이나 태도의 변화 등에 주목한다. 핵심은 차분한 마음으로 관찰하는 것이다. 그리고 인상을 분석한다. 에도 시대에 쓰인 저명한 인술서 『쇼닌키』는 인상학에 관한 아래의 기본적 자세를 언급하며 얼굴 각 부위에 따른 인물상을 기술하고 있다.

① 얼굴: 동그랗고 세로로 짧은 얼굴은 유복하며 신분이 높다. 가마가 목덜미까지 내려온 경우는 의심이 많다.

② 눈썹: 길게 늘어진 눈썹은 지혜롭다. 일자 눈썹은 주군에게 충실하다. 처진 눈썹은 소심하다.

③ 눈: 길게 찢어졌고 깊으며 촉촉하게 빛나는 눈은 귀인의 상이다. 내리 깐 눈은 불충하며 도둑의 눈이다.

④ 코: 기품 있고 큰 코는 부유하며 장수할 상이다. 코 밑이 긴 경우도 길다.

⑤ 입: 크고 안정감이 있는 입은 귀인의 상으로 명이 길다. 입술이 두꺼우면 유복하다.

이상은 어디까지나 대략적인 특징을 통해 풀어낸 해석에 불과하다. 호감형인 사람은 남의 호의에 익숙하므로 자연스럽게 마음도 온화해진다. 결과적으로 더 많은 호의를 사게 되므로 금전적으로나 지위로나 이득을 얻기 쉽다. 이러한 일반적인 이미지를 논한 것이다. 다만 인상으로 판단하는 것은 절대적이지 않노라고 해당 인술서에도 기록되어 있다.

찰인술에서는 표정의 변화나 거동까지 관찰한다. 예를 들어 이쪽의 눈을 똑바로 쳐다보지 못하는 이유는 떳떳하지 못한 구석이 있기 때문이다. 상대방은 틀림없이 거짓말을 하고 있다. 이렇게 관찰을 추측으로 이어나가는 셈이다. 참고로 닌자는 이러한 심리를 역이용해 거짓말을 할수록 상대방의 눈을 똑바로 쳐다보았다고 한다.

찰인술

사람의 이목구비나 표정을 읽어낸다

머리, 눈, 코, 입 등 얼굴 각 부위의 위치로 성격을 진단하고 기준으로 활용했다. 또한 상대방의 태도를 통해 심리를 해석했다.

인상(人相)

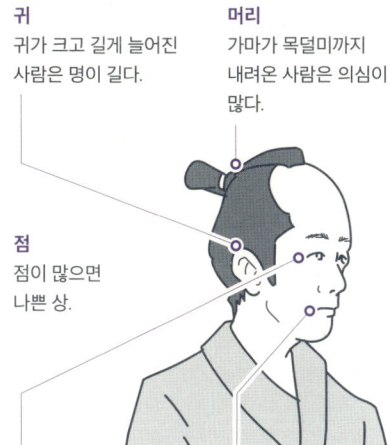

귀
귀가 크고 길게 늘어진 사람은 명이 길다.

머리
가마가 목덜미까지 내려온 사람은 의심이 많다.

눈썹
길고 예쁘면 지혜롭다.

코
기품이 있고 커다란 코는 부유하며 장수할 상.

점
점이 많으면 나쁜 상.

눈
길게 찢어진 눈은 귀인의 상. 웃을 때 눈이 사라지면 나쁜 상.

입
크고 안정감이 있으면 귀인의 상.

혀
혀가 길면 길한 상.

치아
빈틈이 없고 윤기가 흐르면 부유한 상. 치열이 고르지 못하면 나쁜 상.

심상(心相)

동작이나 표정의 변화를 관찰해서 상대방의 마음을 읽어냈다. 눈, 목소리, 말투에 주목했는데, 특히 눈의 경우 눈길을 피하거나 눈이 커질 때는 거짓말을 하고 있을 가능성이 높다.

> **POINT**
>
> **닌자가 거짓말을 할 때**
> 눈길을 피하지 않고 상대방의 눈을 똑바로 쳐다보았다. 그 외에 콧등을 보는 등의 수법도 있었다.

4장

임무의 법도

교우 관계나 가족 구성까지 적의 정보를 꼼꼼하게 조사

해당 시대					해당 목적					
무로마치 후기	센고쿠 초기	센고쿠 중기	센고쿠 후기	에도 초기	잠입	정보 수집	모략	암살	공격	전달

✦ 전투를 앞둔 긴급 상황이라도 최소한의 정보는 입수해둔다

타국에 잠입할 때, 닌자는 의심을 사지 않게끔 변장하는 것이 일상이었다. 시계술始計術은 이를 위한 기술이다. 계략을 펼치기에 앞서 필요한 수단을 설명하는 내용이므로 이러한 이름이 붙었다.

무사든 상인이든 승려든, 변장을 하려면 그 인물로 완전히 탈바꿈해야 한다. 머리 모양이나 복장 등의 몸가짐은 물론 행동거지까지 신경 써야 하며, 그 나라의 지리·풍속·방언 등에도 어느 정도 익숙해야 한다. 시계술은 이러한 기본적인 마음가짐이다. 적이 무엇을 계기로 의심을 품을지는 모를 일이다. 한번 의심을 품었다면 그 시점에서 임무는 실패. 따라서 만만하게 보아서는 안 된다.

변장할 때 무해한 사람으로 변장하는 방법을 '요자술妖者術'이라고 한다. 노인이나 어린이, 어떠한 장애를 지닌 사람, 걸인 등으로 변장해 상대방의 방심을 유도하는 방식이다.

근입술近入術은 전투를 목전에 둔 시점에서 적국으로 잠입하는 기술이다. 물론 위험도는 높으며 성공률은 낮다. 여기에 속한 기술인 약본술略本術은 이처럼 한시를 다투는 상황에서도 임무를 수행하기 위해 사전에 실시되는 최소한의 정보 수집이다.

여기서 수집하는 정보는 다음과 같다.
① 적의 조직명, ② 적 간부의 이름, ③ 간부의 깃발 표식·가문의 문장, ④ 간부의 가족 구성, ⑤ 주요 측근의 이름, ⑥ 저택이나 영지의 소재지, ⑦ 타국에 있는 일족 및 혈연자의 이름·직업·가족 구성, ⑧ 적 주요 인물의 교우 관계, 이렇게 여덟 가지다.

이상의 정보를 수집하려면 적국을 떠난 낭인과 접촉하는 것이 가장 효과적이다. 이어서 적국에 드나드는 상인이나 맹인 안마사 등도 유익한 정보를 쥐고 있는 경우가 많다. 그 외에 적성 근처에 거주하는 서민이나 포로 등도 정보원이 되는 경우가 있다. 이렇게 전투 직전이라는 긴급 상황이라 해도 닌자는 최대한의 준비를 갖춘 뒤 행동에 나섰다.

정보 수집

닌자는 무슨 정보를 수집했을까?
다양한 책략을 구사하려면 적국의 내정을 파악해야 한다. 적국에 잠입하기 전, 닌자들이 특히 더 알아내려 한 정보들을 소개하겠다.

정보 수집 방법

근입술(近入術)
전쟁이 임박했을 때나 전쟁 중 적국으로 잠입해 정보를 수집하는 기술. '요자술'로 노인이나 걸인, 야마부시 등으로 변장했다.

원입술(遠入術)
수개월~수년 전부터 적국에 잠입해 정보를 수집하는 기술. 현지인으로 정착해 살다 전쟁이 터지면 배반한다.

약본술(略本術)로 입수한 사전 정보

적 간부의 정보
간부의 이름이나 가족 구성, 소속된 조직의 이름, 가문의 문장 따위를 조사.

가족에 대해 알아두면 잠입 중 의심을 사더라도 간부의 가족에 대한 화제를 언급해 얼버무릴 수 있었다.

교우 관계
주요 인물의 교우 관계도 조사해둔다. 그 이름을 들먹이면 의심을 피할 수 있었다.

주로 입수해둬야 할 정보
- 주요 측근의 이름
- 집의 소재지
- 타국에 있는 일족이나 혈연자의 이름, 가족 구성 등

4장

임무의 법도

45 적진에 잠입할 때는 연회가 열리는 밤을 노렸다

해당 시대					해당 목적				
무로마치 후기	센고쿠 초기	센고쿠 중기	센고쿠 후기	에도 초기	잠입	정보 수집	모략	암살	공격	전달

✦ 적의 성이나 저택에 침입할 때는 입허술로 허를 찔렀다

적이 거점으로 삼고 있는 성이나 진, 혹은 평소 적이 거주하는 저택에 잠입하려면 숨어들 타이밍을 가늠하는 것 역시 중요하다. 입허술入虛術은 이를 위한 기술이다.

빈틈을 찌르는 것을 흔히 '허를 찌른다'고 표현하듯이 여기서 말하는 '허'란 빈틈을 의미한다. 빈틈이 없는 사람은 없다. 아주 잠깐이라도 정신이 팔리는 순간은 있기 마련. 이러한 틈을 노려서 목적지에 잠입하는 기술이 바로 입허술이다. 중요한 것은 타이밍이다. 닌자는 상대방이 방심하는 순간을 놓치지 않으려 했다. 사람은 움직일 때, 혹은 쉴 때 제삼자에게 빈틈을 내보이는 경향이 있다. 이때의 허점을 이용하는 것이다.

입허술의 핵심은 잠입 장소가 성인가 저택인가에 따라 달라진다. 성은 싸우기 위한 거점, 저택은 거주를 위한 장소이므로 당연하리라. 성의 경우는 진지에 도착하고 며칠 사이, 그리고 출진 당일 밤이 적기로 여겨졌다. 진중이 어수선해지기 때문이다. 긴 거리를 행군한 직후, 험로나 악천후를 뚫고 이동한 뒤에도 허점이 생기기 쉽다. 전투에서 큰 승리를 거두거나 진중에서 소동이 벌어졌을 때도 적기였다. 진이 길게 이어져서 병사들의 마음이 느슨해지기 시작했다면 여기서도 곧잘 빈틈이 생겨난다.

한편, 저택의 경우는 혼례와 같은 경사스러운 일이나, 반대로 장례식, 혹은 연회 등의 행사가 열리는 날을 전후해서 집안사람들의 마음에 빈틈이 생기기 쉽다. 마음이 들뜨거나 비탄에 잠겨 있을 때는 주변을 경계할 여유가 사라지기 때문이다. 저택 안이나 인근에 소동이 발생했을 때 역시 마찬가지다.

이상은 어디까지나 예시로, 적의 마음에 허점이 생기기만 하면 상관없다. 언제 마음에 허점이 생길 것인가. 이를 파악하는 노력을 게을리하지 않아야 하며, 허점을 발견했다면 망설이지 않고 행동에 나서야 한다는 뜻이다.

입허술

숨어들 타이밍을 놓치지 말 것!
적의 저택이나 성에 숨어들 때는 반드시 예비 조사를 통해 타이밍을 가늠했다. 그중 몇 가지를 소개하겠다.

저택

야간 침입 8개조
① 경사 다음 날 새벽
② 질병이 나을 징조가 보인 날 밤
③ 연회가 열린 날 밤
④ 이웃에서 불이 나거나 변고가 벌어진 다음 날 밤
⑤ 토목 공사나 노역이 있었던 날 밤
⑥ 안 좋은 일이 있고 2~3일 지난 날 밤
⑦ 비바람이 몰아치는 날 밤
⑧ 소동이 벌어진 날 밤

경사 다음 날 새벽
결혼식 등의 경사가 있는 날 밤은 술에 취해 곯아떨어지거나 잔뜩 지치기 마련이다.

불행한 일이 생기고 2~3일 뒤
누군가가 죽으면 장례식 등으로 분주해지거나 수면이 부족해지기 마련이다.

성

적군이 성을 출발한 날 밤
적군이 성을 출발한 날 밤은 성 안이 허술해진다.

적군이 악천후 속을 행군한 날 밤
악천후에서 이동하면 체력이 소모되므로 병사는 지치고 만다.

전투 개시 직후의 혼란한 때
전투 개시 직후는 공격에 정신이 팔려 수비에는 허술해진다.

4장

임무의 법도

46 침입하기 어려운 절벽을
올라 적의 의표를 찔렀다

해당 시대	해당 목적
무로마치 후기 / 센고쿠 초기 / 센고쿠 중기 / 센고쿠 후기 / 에도 초기	잠입 / 정보 수집 / 모략 / 암살 / 공격 / 전달

✦ **장소나 지형에서 빈틈을 찾아내 물견술로 적지에 잠입**

닌자가 적의 거점에 숨어들기 위해 사용하는 입구를 시노비구치忍び口라고 한다. 이를 찾아내기 위한 기술이 물견술物見術이다. 입허술은 시간적 허점을 찌르는, 다시 말해 타이밍을 가늠하는 기술이지만 물견술의 핵심은 장소, 바로 지형적 허점이다. 어떤 장소를 시노비구치로 정할지, 이 기술을 사용하는 데에도 몇 가지 주의사항이 있다.

공성전에서는 수비 측이 유리하다고 한다. 그도 당연지사. 공성 측은 해자나 성벽 등 철벽같은 방어를 뚫어야 하지만 수비 측은 상대방을 받아칠 생각만 하면 되기 때문이다. 장기전으로 돌입하면 열이면 열 긴 원정 끝에 야산에 진을 친 적이 먼저 곡소리를 내기 시작한다. 센고쿠 후기, 군량을 공격하는 방식이 주류로 자리 잡은 이유는 공성전에서 힘으로 밀어붙이는 전법은 불리하다는 사실이 자명히 밝혀졌기 때문이다. 하지만 적의 군세는 격퇴한다 해도 상대가 적은 인원으로 침입한다면 이야기가 달라진다.

성의 배후가 험준한 산악 지대이거나 절벽일 경우, 통상적으로는 그쪽이 방비가 허술해진다. 적병이 급습할 우려가 지극히 낮기 때문이다. 이는 하천이나 늪지를 등진 장소에서도 마찬가지다. 그곳에서 허점을 찾아내는 것이 닌자의 진면목이자 물견술의 핵심이기도 하다.

사방에 이목이 미치기 쉬운 소규모 성에서 병력 대부분이 집중된 장소 역시 오히려 약점인 경우가 많다. 반대로 성 내부에 인원이 적을 때는 사람이 별로 없는 곳이 시노비구치가 되기 쉽다. 앞서 언급한 예로 설명하자면 절벽 쪽은 자연이라는 든든한 방어벽이 있으니 한정된 병사를 굳이 나눌 리 없기 때문이다.

성에 비해 저택에서 시노비구치를 찾아내기란 비교적 수월하다. 다만 막상 발을 들일 때 망설이지 않게끔 방의 배치나 구조, 침실의 위치, 자물쇠의 상태 등, 가능한 한 사전 조사를 잘 해둬야 한다. 닌자의 특기인 변장으로 상인이나 야마부시로 둔갑해 목적지인 저택의 밑그림을 그려두는 것이다.

물견술

성이나 저택의 '시노비구치'를 확보한다

숨어들 때는 타이밍뿐 아니라 장소도 중요하다. 닌자들은 사각이 되기 쉬운 '시노비구치(忍び口)'에 통달해 있었다.

성의 시노비구치

성의 배후나 산, 절벽
성의 정면은 방비가 단단하지만 배후의 산이나 절벽에는 인원을 잘 배치하지 않는다.

바다나 강과 맞닿은 곳
병사를 배치할 수 없기 때문에 감시병이 적다. 닌자들은 성까지 헤엄치거나 닌자도구를 사용해서 침입했다.

저택의 시노비구치

- **뒷문**: 드나드는 사람이 별로 없으며 숨을 장소가 있어서 안방으로 진입하기 쉽다.
- **툇마루 쪽 정원**: 정원이나 마루 밑에서 침입해 입구 쪽으로 향한다. 침상 등의 중요한 곳과 가깝다.
- **객실**: 뒷문으로 들어갈 수 없다면 아무도 없는 객실로 침투한다.
- **창문, 툇마루, 부엌 문, 변소**: 빈틈이 있거나 등기를 이용해 잠입하기 쉽다.

---

column

돌담을 오를 때는 이리스미를 노려라

돌담의 모서리나 평면을 기어올랐다간 발각되기 쉬우므로 위험하다. 돌담에는 모서리를 굴절시킨 이리스미(入隅)라는 부분이 있는데, 닌자는 이 움푹 들어간 안쪽 부분으로 기어올랐다.

경비가 교대한 직후가 기회 – 닌자의 화려한 잠입술

해당 시대 무로마치 후기 | 센고쿠 초기 | 센고쿠 중기 | 센고쿠 후기 | 에도 초기

해당 목적 잠입 | 정보 수집 | 모략 | 암살 | 공격 | 전달

✦ 인간의 심리를 읽는 입타귀술로 경비의 허점을 찌른다!

성에 잠입할 때, 첫 번째 난관은 경비의 눈을 속이는 것이다. 입타귀술入墮歸術은 그럴 때 유용한 기술이다. 경비가 교대한 직후를 '입入', 상당한 시간이 지났을 무렵을 '타墮', 시간이 더 지나서 교대 전의 시간대를 '귀歸'로 보고 잠입할 타이밍을 가늠하는 방식이다.

교대 직후, 아직 긴장감을 풀지 않은 경비는 눈앞을 지나는 것은 무엇 하나 놓치지 않으려 눈에 불을 켜고 있다. 안테나가 가장 곧게 서 있는 이 시간대에 잠입을 시도하기란 그야말로 무모한 짓이다. '서두르면 일을 그르친다'는 말에 따라 한동안은 상황을 지켜봐야 한다. 그리고 시간이 흘러 '타'의 시간대를 맞이하면 점차 경비의 마음이 느슨해지며 힘이 빠지기 시작한다. 이제 때가 머지않았다. '귀'의 시간대가 도래하면 임무가 끝났다고 생각하기 마련이므로 잠입할 기회가 돌아온다.

이처럼 경비의 심적 변화를 가늠해 이때다 싶은 순간이 찾아오거든 즉시 잠입한다. 이때 주저는 금물이다. 망설임 없이 신속하게 행동에 나서는 이 기술을 택기술択機術이라고 한다. 택기란 문자 그대로 때機를 고른다択는 의미다. 이런 것까지 인술이라니 호들갑을 떠는 것처럼 보이겠지만 인간은 결단을 내릴 때면 주저하기 마련이다. 하지만 여기에 '기술'이라는 이름을 붙인다면 잡념을 떨쳐내고 행동으로 옮길 수 있게 된다. 단순한 행위에 그럴싸한 명칭이 붙은 이유는 여기에 있다.

경비가 빈틈을 보일 타이밍을 기다리는 대신 적극적으로 그 타이밍을 만들어내는 기술도 있다. 이쑤시개를 떨어뜨려서 작은 소리를 내 경비가 정신이 팔린 틈에 몰래 잠입하는 이쑤시개 은신술이다. 실제로 이쑤시개를 던졌는지는 모르겠지만 뭔가를 이용해 경비의 주의를 돌리는 것은 효과적인 수단이었다.

잠입의 기본

경비의 눈을 피해 잠입한다

잠입의 기본은 지극히 간단하다. 상대방의 긴장이 풀렸을 때나 주의를 돌려서 다른 곳을 보고 있을 때 잠입하면 된다.

다양한 잠입법

입타귀술(入墮帰術)
무슨 일이든 막 시작했을 때는 집중하지만(入) 시간이 지나면 긴장이 풀리고 만다(墮·帰). 그 타이밍을 노려서 잠입한다.

음중양술(陰中陽術)
상대방에게 거짓 정보를 전해서 허점을 만든다. 담장 밑에 구멍을 파서 잠입하려 할 경우를 예로 들어보자. 경비가 눈치를 챘다면 여럿이 대화를 나누는 시늉을 해서 다른 곳으로 침입하겠다는 거짓 정보를 경비에게 들려준다. 경비는 거짓말에 속아 다른 곳으로 향하고, 그 틈에 구멍을 파서 숨어든다.

이쑤시개 은신술
이쑤시개를 떨어뜨려서 작은 소리를 내 경비의 주의가 다른 곳으로 향한 사이에 잠입한다.

48 잠입에 적합한 때는 발소리가 묻히는 바람이 강한 날

해당 시대 | 무로마치 후기 | 센고쿠 초기 | 센고쿠 중기 | 센고쿠 후기 | 에도 초기

해당 목적 | 잠입 | 정보 수집 | 모략 | 암살 | 공격 | 전달

✦ 다채로운 기술로 아무도 모르게 저택에 잠입한다

가인술家忍術은 문자 그대로 남의 집에 잠입하기 위한 기술이다. 그렇다고는 하나 이러한 이름의 기술이 따로 있는 것은 아니다. 가인술이란 여러 다양한 기술의 총칭이다. 그중에서도 대표적인 기술은 바로 제영음술除影音術이다. 잠입에 방해가 되는 그림자와 소리를 지우는 기술이다.

빛이 있는 곳에는 반드시 그림자가 생겨난다. 이를 지우고 싶다면 항상 광원과 마주 보고 있으면 된다. 빛으로 향하면 그림자는 자신의 등 뒤에 생겨나기 때문이다. 야간이라면 경비가 손에 등불을 들고 있으므로 그 등불을 광원으로 삼으면 되겠으나 저택 내부를 이동할 때는 정원 곳곳에 배치된 등롱이나 횃불이 눈엣가시다. 더군다나 경비가 여럿 배치되어 있으며 심지어 순찰까지 하고 있다면 광원의 분포 상황을 파악하는 데 특히 주의를 기울여야 한다.

발소리는 의도치 않게 생겨나기 마련이므로 발각당하기 쉽다. 이를 지우려면 버선이나 짚신 밑에 풀솜을 넣는 방식이 효과적이었다고 한다. 또한 이동할 때는 소리가 잘 나는 대숲이나 풀밭, 마른 짚에 다가가지 않게끔 주의한다. 하지만 바람이 부는 날이면 사정이 달라진다. 공기가 움직이면 자연히 소리가 나는 성질을 이용해 일부러 대숲에 들어가는 것이 현명한 방법이다. 다소의 소리는 바람의 소행이라 여겨지기 때문이다. 문을 열고 닫는 소리도 묻어주므로 바람이 강한 날은 특히 잠입에 적합했다. 소리를 지우려면 소리를 내지 않거나 다른 소리에 섞이는 것이 가장 좋다.

끌을 이용해 자물쇠를 따는 개착술開鑿術, 건물이나 창고에 구멍을 뚫는 혈지주지지주술穴蜘蛛地蜘蛛術, 경비견을 독살하는 우견술遇犬術 모두 가인술에 속한 기술들이다. 계절이나 집안사람들의 나이에 따라 수면의 변화를 연구한 변면술忄眠術, 숨소리나 코골이를 통해 얼마나 잠이 깊이 들었는지를 관찰하는 청음한술聽音鼾術도 있다. 닌자들은 이렇게나 연구에 열중했다.

가인술

다양한 상황에 대비한 닌자의 잠입 규칙

숨어들 타이밍이나 장소를 파악했다 해서 끝나지 않는다. 그 밖에도 다양한 대책과 기술이 필요했다.

제영음술(除影音術)
자신의 그림자와 소리를 지우는 기술. 달빛이나 등불에 주의했다.

우견술(遇犬術)
개는 닌자의 천적이었다. 독이 든 떡을 먹여서 죽이거나 개가 한눈을 팔게끔 다른 개를 준비했다.

청음한술(聽音䎹術)
숨소리나 코골이를 듣고 잠든 척을 하는 것인지 살피거나 얼마나 깊이 잠들었는지를 확인했다.

담장에 소금물을 뿌려서 썩게 한다
나무 담장의 경우 지속적으로 소금물을 뿌리면 썩어버리므로 쉽게 부수고 잠입할 수 있게 된다. 색은 천천히 변하므로 집주인에게도 잘 들키지 않는다.

동물을 사용해서 잠입한다
뱀이나 개구리 따위를 여자가 있는 방에 던져서 소란이 벌어진 틈에 침입한다.

닌자 FILE

최고의 천적은 개였다!?
사람을 보면 짖는 경비견은 닌자에게 가장 성가신 존재였다고 한다. 닌자는 개를 독살하는 것 외에도 미리 경비견에게 얼굴을 기억시키거나 이성(異性)인 개를 데려가 친해지게 해서 짖지 못하게 했다.

4장

임무의 법도

49 뛰어난 측량 기술로 싸움을 유리하게 이끌었다

해당 시대
| 무로마치 후기 | 센고쿠 초기 | 센고쿠 중기 | 센고쿠 후기 | 에도 초기 |

해당 목적
| 잠입 | **정보 수집** | 모략 | 암살 | 공격 | 전달 |

✦ 공략할 지역을 파악해서 전투를 유리하게 이끄는 찰지술

요즘이라면 집 안에서도 세계 각지의 정보를 손에 넣을 수 있다. 하지만 센고쿠 시대는 인접국의 정보조차 쉽사리 알아낼 수 없었다. 여기서 말하는 인접국이란 인접한 타 영지를 말한다. 즉, 국경을 넘으면 설령 인접국이라 해도 정보를 알 방법이 거의 없었다는 뜻이다. 이때야말로 은밀한 행동을 생업으로 삼는 닌자가 나설 순간이다.

침공하려는 지역의 지형이 어떠한지, 성이나 요새의 정확한 위치는 어디인지, 예정된 원군이나 보급선의 경로는 어떻게 할 것인지 등을 미리 파악해놓으면 전투를 유리하게 이끌 수 있다. 이러한 지형과 관련된 전략상의 요점을 파악해두는 것이 찰지술察地術의 기본이다. 그러나 당시는 정확한 지도 따위 존재하지 않았다. 각지로 흩어진 닌자들은 우선 그 지역의 지형과 길 등 기본적인 정보부터 조사해야 했다.

정확한 지도를 제작하려면 올바른 방향을 알아야만 한다. 그럴 때 닌자는 바늘을 이용했다. 쇠를 달군 후 빠르게 식히면 자력을 띠어 영구자석이 된다. 이를 물에 띄우면 바늘은 남북을 가리킨다. N극과 S극은 자력을 띠었을 때 바늘이 어느 쪽을 향하고 있는지에 따라 결정되므로 식힐 때 바늘 끝을 북쪽에 두었다면 물에 떴을 때 바늘 끝은 북쪽을 향하게 된다. 이는 열잔류자화라는 현상을 응용한 어엿한 과학적 수법이다.[1]

찰지술에서는 공성에 대비해 주변의 논이 얕은 논(진흙이 얕은 논)인지 깊은 논(진흙이 깊고 질척한 논)인지도 알아두어야 했다. 이동 속도가 다소 느려지더라도 얕은 논이라면 단숨에 가로지를 수 있지만, 몸이 잠기는 깊은 논은 푹 빠지면 거동이 불가능해진다. 닌자는 흙의 색이나 모가 서 있는 상태 등을 관찰해서 이를 분간했다. 비가 많이 내린 해는 얕은 논의 모가 잘 자라고 적게 내린 해는 깊은 논의 모가 잘 자라므로 강우량도 참고했다고 한다.

---

1 p.155 참조

찰지술

지형의 세부적인 부분까지 파악하는 닌자의 관찰력

적국을 공격하려면 우선 지형을 알아야 한다. 정확한 지도가 없었던 시절, 닌자는 지형 조사원으로도 활약했다.

논의 조사

공성전의 경우, 주변의 논이 '얕은 논'인지 '깊은 논'인지를 파악하는 것이 중요했다. 닌자는 각각의 특징을 분간해 지형 정보를 파악했다.

얕은 논
- 논 위에 둑이나 우물, 도랑 따위가 있다
- 밑동이 짧고 균일하게 베여 있다
- 땅이 건조해서 희고 단단하다

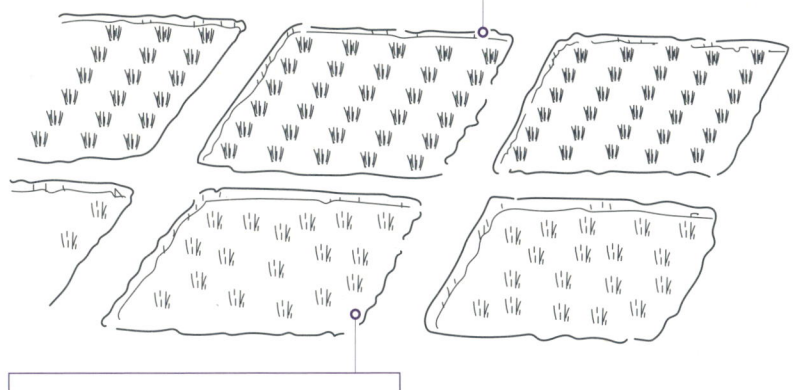

깊은 논
- 밑동의 길이가 들쭉날쭉하다
- 흙이 검푸른 색이며 진흙 냄새가 난다
- 다갈색 물이 솟아난다
- 모가 기울어져 있다

밤길의 찰지술

상대방의 이동 방향 파악하기

밤길에 빛을 발견했다면 지면에 엎드린 후 눈앞에 부채를 들고 가로로 눕힌다. 다가오는 불빛은 부채보다 위로 이동하고, 멀어지면 아래로 내려간다.

다가온다   멀어진다

늑대 똥은 색깔이 잘 난다!? 봉화는 재료까지 중요하다

해당 시대
무로마치 후기 | 센고쿠 초기 | 센고쿠 중기 | 센고쿠 후기 | 에도 초기

해당 목적
잠입 | 정보 수집 | 모략 | 암살 | 공격 | 전달

◆ 봉화나 수기를 사용해 릴레이 형식으로 정보를 전달

봉화는 불을 피워서 연기로 동료에게 신호를 보내는 방식이다. 장애물이 있으면 보이지 않으므로 보통은 산처럼 높은 지대에서 릴레이 형식으로 피웠다.

고가에 전해지는 『가조加条』와 이가에 전해지는 『덴모쿠伝目』라는 두 전서를 정리한 서적이 바로 『요칸카조덴모쿠쿠기用間加条伝目口義』라는 인술서다. 여기에는 봉화를 피우는 법에 관한 내용이 있다. 지푸라기에 늑대의 똥과 솔잎을 섞은 후 땅바닥에 파놓은 구멍에 묻고 불을 붙인다. 그리고 연기가 곧장 하늘로 올라가게끔 여기에 마디를 뚫은 대나무 통을 꽂는다.

멀리서도 연기를 확인하려면 눈에 잘 띄어야 한다. 쉽게 말해 연기가 웬만큼 짙어야 한다는 뜻이다. 소나무나 삼나무, 쑥은 태우면 맑은 날 잘 보이는 하얀 연기가 피어오르므로 봉화의 재료로 자주 사용되었다. 늑대나 쥐의 똥은 연소되는 속도를 늦추기 위해 섞은 재료로 보인다. 이러한 재료는 유사시에 대비해 봉화대 근처의 오두막에 보관해두었다고 한다. 봉화는 유용한 전달 수단이었지만 비바람에 약하다는 사실이 가장 큰 약점이었다. 따라서 맑고 바람이 강하지 않은 날에 주로 사용되었다.

닌자가 쓴 비슷한 전달술로는 히캬쿠비飛脚火·히캬쿠키飛脚旗가 있다. 히캬쿠비는 밤중에 이리코비ㅈ子火라 하여 등불처럼 생긴 휴대용 램프를 이용해 봉화와 마찬가지로 산 위에서 신호를 보내는 방식이다. 당연히 밝은 낮에는 시인성이 떨어지므로 해가 떠 있을 때는 깃발旗을 이용했다.

두 손에 수기를 들면 다양한 방식으로 휘두를 수 있으므로 깃발을 이용한 통신은 불에 비해 정보 전달량이 월등히 많다는 이점이 있다. 다만 중계자 간의 거리는 짧아진다는 결점이 있었다. 그럼에도 릴레이 형식을 따르면 멀리 떨어진 곳까지 정보 전달이 가능했으므로 에도 시대에는 오사카의 쌀 시세를 에도로 전하는 데 이용되었다고 한다.

정보 전달

깃발과 봉화, 램프를 사용!

당시의 통신 수단은 깃발이나 봉화였다. 깃발을 휘두르는 방식이나 봉화의 재료 등, 닌자는 다양한 아이디어를 짜내느라 여념이 없었다.

깃발

깃발을 휘둘러서 정보를 전달했다. 산 정상처럼 높은 곳에서 신호를 보내면 신호를 접수한 중계자가 다음 중계자에게로 신호를 보냈다.

밤에는 '이리코비(入子火)'를 사용해서 전달

구리를 얇게 펴서 원통을 만들고 그 안에 양초를 꽂는다. 중계 거리는 약 40~80km로, 놀라우리만치 빠르게 정보를 전달할 수 있었다.

봉화

불로 연기를 피워서 신호를 보냈다. 닌자는 눈에 잘 띄는 연기를 만들기 위해 재료에도 공을 들였는데, 날씨가 좋으면 5km 떨어진 곳까지 정보를 전달할 수 있었다.

이가에 즐비했던 봉화대

이가와 이세(伊勢) 사이에 얼마나 많은 봉화대가 있었는지 최근의 연구를 통해 밝혀졌다. 오미네산(아라키), 난구산(이치노미야), 다나카 가문 성터(나카토모노), 오토기 고개(니시야마) 등에 봉화대가 있었다고 한다.

---

column

재료에 따라 연기의 질이 전혀 다르다

닌자는 봉화의 재료로 쑥이나 소나무 등을 자주 사용했다. 이는 평범한 초목을 사용했을 때보다 연기가 하얘지며 지속 시간도 길어지기 때문이다. 이는 모두 시행착오의 산물이었다.

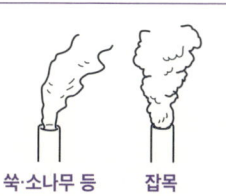

쑥·소나무 등   잡목

51 닌자 전용 문자를 사용해서 정보 누설을 막았다

해당 시대: 무로마치 후기 | 센고쿠 초기 | 센고쿠 중기 | 센고쿠 후기 | 에도 초기

해당 목적: 잠입 | 정보 수집 | 모략 | 암살 | 공격 | **전달**

◆ 시노비이로하 - 닌자가 사용한 여러 가지 암호

첩보 활동이 주된 임무였던 닌자들에게 가장 피해야 할 상황은 목숨을 걸고 손에 넣은 중요 정보를 주군에게 갖고 돌아가지 못하게 되는 사태였다. 따라서 아군에게 정확히 정보를 전달하기 위해 독자적인 방법이 발전했다. '시노비이로하忍びイロハ' 역시 그중 하나였다. 편지 등 문장을 건네야 할 때 자주 사용되었다.

시노비이로하란 세상의 만물이 나무, 불, 흙, 쇠, 물의 5대 원소로 이루어져 있다는 중국의 오행설을 응용한 독자적인 암호였다. 5대 원소에 사람人과 몸身을 더한 일곱 문자를 변偏1으로 삼고 색色, 청靑, 황黃, 적赤, 백白, 흑黑, 자紫를 방旁2으로 삼는 독자적인 한자를 만들어낸 것이다. 둘을 조합하면 히라가나 48자를 표현할 수 있으므로 일반적인 편지와 다를 바 없이 정보를 전달할 수 있었다.

하지만 이는 하나의 사례에 불과하다. 시노비이로하는 현대의 군사용 암호처럼 복잡하지 않으므로 법칙만 알면 누구나 내용을 해석할 수 있다. 따라서 각 인술의 유파들은 동료들 사이에서만 통용되게끔 독자적인 법칙과 읽는 법이 있는 문자를 개발했다. 또한 읽는 방식도 매일 바꾸는 등, 한층 더 공을 들였다.

시노비이로하 외에도 문자를 숫자로 치환해서 편지에 써 보내기도 했다. 예를 들어 '나카마(동료)'의 경우는 3의 7, 2의 7, 5의 2로 표현하는 식이다. 이는 단순한 방식이므로 더욱 복잡하게 만들기도 했다.

은문비닉지법隱文秘匿之法은 막대기에 종이를 말고 그 위에 글자를 쓰는 방법이다. 종이를 풀어놓으면 무엇이 쓰여 있는지 알 수 없지만 받은 상대가 동일한 크기의 막대기에 다시 감아보면 읽을 수 있다.

이처럼 특수한 암호로 기록된 비밀이라 하더라도 그냥 들고 다녔다간 위험하다. 따라서 밀서를 휴대하고 있을 때는 종이를 가느다랗게 꼬아서 옷이나 소지품에 꿰매어놓는 방법이 이용되었다.

---

1   한자의 구성상 왼쪽 부분
2   한자의 구성상 오른쪽 부분

닌자 문자

닌자만이 읽을 수 있는 특수한 문자

닌자는 동료들에게 편지를 쓸 때 '시노비이로하(忍びイロハ)'를 쓰거나 문자를 숫자로 바꾸어서 적이 알아차리지 못하게 했다.

닌자의 암호

	紫 자	黒 흑	白 백	赤 적	黄 황	青 청	色 색
木 목	橪 에	標 야아	柏 카	栜 라무	横 요	楕 리	艶 이
火 화	燃 히	熛 사키	焔 무	烌 무	熿 타	焹 리	炮 로
土 토	墥 모	墂 키	垍 케	垶 노	墺 레	墔 누	垎 하
金 금	鐇 세	鐹 유	鉑 후	鉥 소	鐟 루	錆 오	鋖 니
水 수	潐 스	漂 메	泊 코	洓 노	潢 쯔	清 오	泡 호
人 인	儤 능	儦 미	伯 에	倈 오	儶 네	倩 와	侅 헤
身 신	軈 시	躺 테	躰 쿠	輵 나	鯖 카	艶 토	

아름다운 꽃도 언젠가는 지거늘
(色は匂へど散りぬるを)
우리 사는 이 세상 누군들 영원할까
(我が世誰ぞ常ならむ)
덧없는 인생이란 깊은 산을 오늘도 넘어가나니
(有為の奥山今日越えて)
헛된 꿈 꾸지 않고 취하지도 않으리라
(浅き夢見し酔ひもせす)

시노비이로하

'목·화·토·금·수·인·신'을 변,
'색·청·황·적·백·흑·자'를 방으로 삼아 조합한
독자적인 한자. 이로하우타*와 대응시켜서 읽는다.

*히라가나를 한 글자씩만 이용해서 지은 시조로,
문자 학습용으로 자주 쓰였다

7	6	5	4	3	2	1	
え	あ	や	ら	よ	ち	い	1
ひ	さ	ま	む	た	り	ろ	2
も	き	け	う	れ	ぬ	は	3
せ	ゆ	ふ	ゐ	そ	る	に	4
す	め	こ	の	つ	を	ほ	5
ん	み	え	お	ね	わ	へ	6
	し	て	く	な	か	と	7

문자의 숫자 변환

'이(い)'행을 아미타불, '치(ち)'행을 관음보살로
치환해 '하(は)'는 아미타불3, '와(わ)'는
관음보살6이라는 식으로 사용하기도 했다.

밀서를 숨기는 방법

은문비닉지법(隠文秘匿之法)
막대기에 가늘고 긴 종이를 감은 후, 그 위에
글자를 쓴다. 막대기에서 풀어보면 글자가 잘게
쪼개지므로 읽을 수 없게 된다.

불에 그슬리면 나타나는 글자
콩이나 귤 즙, 술 따위로 쓴 글자는 마르면 보이지
않지만 불에 그슬려 열을 가하면 글자가 드러난다.

4장

임무의 법도

'산'이라 하면 '강'? 닌자가 사용한 암호

해당 시대					해당 목적					
무로마치 후기	센고쿠 초기	센고쿠 중기	센고쿠 후기	에도 초기	잠입	정보 수집	모략	암살	공격	전달

◆ 닌자들은 암호나 왓푸를 사용해 적과 아군을 판별했다

인술서에서 이르길 닌자는 적보다도 아군끼리 공격하는 사태를 더 조심해야 한다고 했다. 정체를 숨기고 행동하는 닌자들은 설령 아군이라 해도 서로의 얼굴을 모르는 경우가 적지 않았다. 아니, 오히려 그 편이 정상이었다. 그렇다면 정보를 전하기 위함이라고는 하나 아군과 접촉하기란 쉬운 일이 아니었다. 따라서 소통에 앞서 동료들 사이에서만 통하는 은어나 암호 등을 사용해 상대방의 정체를 확인해야 했다.

산이라고 말하면 대답은 강. 이는 익히 알려진 암호다. 달에는 해, 꽃에는 열매, 혹은 꽃에는 요시노吉野1, 불에는 연기. 그 외에도 수많은 조합이 존재했다. 자연을 소재로 삼아 연상되는 단어를 묶었던 듯하다. 물론 이것들은 이해하기 쉬운 사례로, 실제로는 좀 더 꼬아서 사용했다. 당연하겠지만 인술의 유파에 따라서도 조합은 제각각이었다.

암호를 써서 잠입한 적을 색출해내는 방법도 있었다. 다치스구리·이스구리立ちすぐり・居すぐり라 불리는 방법으로, 예를 들어 암호를 들으면 순간적으로 앉자고(일어나자고) 입을 맞춰놓는다. 그리고 전원을 세워둔(앉혀둔) 상태에서 암호를 외쳤을 때 반응이 느린 자를 색출해내는 식이다.

암호 외에 '왓푸割符'를 사용하기도 했다. 글자나 그림을 그린 후 반으로 쪼갠 나무판이나 종이로, 올바른 조합일 경우 각자 가져온 두 조각을 합치면 원래의 모습으로 돌아간다. 이렇게 해서 아군을 확인했다.

왓푸 자체는 예부터 상거래나 외교 현장에서 이용되었으나, 이렇게 보면 동료라 해도 정체를 드러내지 않는 닌자에게 적합한 도구가 아닐까. 나무판이 아니라 고가이こうがい라 불리는 여성의 머리 장식을 쪼개서 사용하기도 했는데, 이는 '와리코가이割こうがい'라고 불렀다.

---

1 벚꽃으로 유명한 명소

암호

어떤 암호나 도구가 사용되었을까?
아군끼리 공격하는 사태를 막기 위해 암호를 이용해 동료를 판별해냈다. 실제로 사용된 암호와 도구를 소개하겠다.

암호
'산'이라고 말하면 '강'이라고 대답하듯, 암호에는 다양한 조합이 있었다. 자연을 소재로 삼은 암호나 시조를 소재로 삼은 암호가 널리 이용되었다.

산 – 강	다다미 – 초록
계곡 – 물	연기 – 아사마(浅間)
달 – 해	꽃 – 요시노(吉野)
불 – 연기	구름 – 후지(富士)
바다 – 소금	소나무 – 다카사고(高砂)
개구리 – 우물	싸리 – 미야기노(宮城野)

*괄호 안은 일본의 지명이나 산 이름

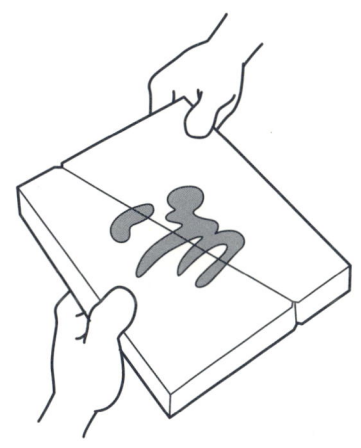

왓푸(割符)
그림이나 글자가 그려진 나무판을 반으로 쪼개서 사용했다. 각각 하나씩 가져와서 합쳐보고 아군인지를 확인했다. 본래 일본에서는 무역선을 증명하기 위해 사용되었는데, 중국이 기원으로 여겨진다.

와리코가이(割こうがい)
고가이는 여성용 머리 장신구다. 반으로 쪼개서 갈라진 고가이를 왓푸 대신 사용했다.

마가리의 진에서 사용된 암호

증거 자료

마가리의 진(1487년)
'마가리의 진'은 고가와 이가 닌자가 아시카가 막부군을 습격한 전투였다. 눈보라가 흩날리는 추운 밤, 닌자들은 쇼군 요시히사가 있는 저택에 숨어들어 연기를 피웠다. 이때 이들은 아군끼리 공격하지 않도록 암호를 사용하며 적을 습격했다고 한다. 참고로 표적이었던 요시히사는 중상을 입고 몇 년 후 세상을 떴다.

닌자들의 세련된 업계 용어

닌자들은 동료들 사이에서만 통하는 '은어'를 자주 사용했다. 이가모노들이 자신들을 '밤(栗)'이라 표현한 사실은 특히 유명하다.

밤과 고향집

인술서에는 '이가, 고가라는 말을 사용해서는 안 된다'라는 기록이 남아 있다. 이가와 고가는 닌자의 마을로 유명했기 때문에 입에 담기만 해도 닌자임을 의심받을 가능성이 있었기 때문이다. 따라서 이가와 고가 소속 닌자들은 각자 자신들을 '밤(栗)', '고향집(郷家)'이라는 은어로 표현했다.

인술서의 은어

인술서는 도둑맞더라도 해독할 수 없게끔 중요한 부분에 은어가 사용되었다. 예를 들어 '지장약사의 앞뒤를 고를 것'이라 쓰인 인술서가 있다. 여기서 '지장약사'는 달을 가리키는 은어로, '잠입할 때는 달이 뜨지 않았을 때를 고르라'는 의미가 된다.

---

column

어째서 이가는 '밤'일까?

이가가 '밤'이라고 불린 이유로는 몇 가지가 있다. 단순히 '이가구리'*와 발음이 비슷하기 때문이라는 설 외에도 이가국에서 교토, 나라까지의 거리가 정확히 36km, 즉 9리**였기 때문이라는 설이 있다.

*밤송이를 뜻하는 일본어
**밤과 9리 모두 일본어로 발음은 '구리'

전장에서의 신호

잠입한 적을 구분하기 위해 사용한 신호

호조 가문을 섬겼던 닌자 집단 '후마토(風魔党)'는 '다치스구리·이스구리'라는 특유의 신호를 사용해 적의 침입을 막았다.

다치스구리·이스구리(立ちすぐり·居すぐり)
모두가 동시에 횃불을 켜고 훌쩍 일어나거나 앉는다. 숨어든 적은 이 동작을 모르므로 금세 정체가 들통나고 만다.

닌자 FILE

호조 가문을 섬긴 후마토

'후마토'는 호조 가문을 섬겼던 총 200여 명으로 이루어진 닌자 집단으로, 사가미국(지금의 가나가와현) 하코네의 산에 거점을 차렸다. 자료에는 '風間'로 기록되어 있다. 두령인 후마 고타로를 필두로 하여 산적·해적·강도·도적의 네 조직으로 구성되어 있으며, 강도, 야습, 방화 등의 기습 전술이 특기였다. 따라서 후마토는 '난폭한 자', '불량배'를 뜻하는 '랏파(乱波)'라고 불리기도 했다. 에도 막부가 열리자 이들은 도적으로 변모했고, 무가 집안이나 상인들로부터 금품을 갈취하며 에도 시중을 어지럽혔다.

실제로 실시된 다치스구리·이스구리

기세가와 전투(1579년)
호조군과 다케다군의 전투에서 후마토는 밤이 되자 기세강을 건너 거듭 야습을 실시했다. 혹독한 공격을 받은 10명의 다케다 병사들이 후마토에 교묘하게 잠입하려 했다. 하지만 '다치스구리·이스구리'로 정체가 금세 발각당했고, 전부 참살당했다고 한다.

53 쌓아 올린 돌이 동료와의 교신 수단이었다

해당 시대: 무로마치 후기 | 센고쿠 초기 | 센고쿠 중기 | 센고쿠 후기 | 에도 초기
해당 목적: 잠입 | 정보 수집 | 모략 | 암살 | 공격 | **전달**

◆ 오색미를 조합해 다양한 내용을 동료에게 전달

닌자가 통신에 사용한 도구로 '오색미五色米'가 있다. 빨강·파랑·노랑·검정·보라색의 다섯 색으로 물들인 쌀알로, 길가 등 얼핏 보아서는 잘 눈에 띄지 않는 곳에 뿌려서 동료에게 정보를 전했다.

에도 시대의 『군포지요슈軍法侍用集』에는 각각의 쌀에 독자적인 의미를 부여하는 '나시루시名しるし'라는 사용법이 소개되어 있다. 각자 자신의 색을 미리 정해놓은 후, 그 색깔의 쌀을 뿌려서 뒤따라오는 동료에게 자신의 행선지를 알려주는 방식이다. 갈림길 등에 접어들었을 때 뒤따라 올 동료가 행선지를 헷갈리지 않게끔 바른길을 표시하기 위해서도 사용되었다고 한다. 그 외에도 임무를 마치고 돌아올 때 길을 잃지 않기 위한 표식으로도 쓰였다.

새끼줄을 사용한 '유이나와結繩'라는 전달법도 있다. 오색미나 필기도구 따위를 소지하고 있지 않을 때, 길에 떨어져 있는 새끼줄을 표식으로 삼았다. 매듭의 형태나 개수로 문자를 나타낸 후, 이를 민가의 처마 밑에 걸어두거나 땅에 떨어뜨려서 뒤따라오는 자에게 정보를 전달하는 방식이다. 대놓고 눈에 띄는 장소에 놓았다간 버려지거나 의심을 살 수 있으므로 부자연스럽지 않도록 은근슬쩍 놓아두는 것이 핵심이었다.

새끼줄조차 조달할 수 없을 경우, 유이나와와 마찬가지로 길가에 떨어져 있는 돌을 사용한다. 이를 '오키이시置き石'라고 한다. 그 외에도 근처의 나뭇가지를 꺾거나 모래나 재를 뿌려서 사용하기도 했다는 사실이 『요칸카조덴모쿠쿠기』에 기술되어 있다.

쌀이나 새끼줄, 돌이나 나뭇가지 등, 친숙한 사물을 이용하는 이유는 주변 환경에 녹여서 이목을 피하기 위함이었다. 닌자의 손에 쥐어지면 아무런 특징 없는 평범한 사물이라도 순식간에 통신 수단으로 변모하는 것이다.

정보 전달

쌀·돌·새끼줄을 표식으로 활용했다

닌자는 주변의 온갖 사물을 사용해 동료에게 상황을 전달했다. 그 도구나 사용법을 소개하겠다.

오색미(五色米)
이동 중, 뒤따라오는 동료에게 정보를 전달하기 위해 다섯 색으로 물들인 쌀을 사용했다.

오색미의 활용법
파랑·노랑·빨강·검정·보라색 염료로 물들인 후 말려서 색깔 별로 대나무 통에 나누어 휴대했다. 이 오색미는 갈림길에 뿌려두는 표식으로 활용할 뿐 아니라 물이 있는 곳으로 이어지는 곳에 파란 쌀을 놓아두는 등, 미리 각각의 색에 의미를 정해서 사용하기도 했다.

오키이시(置き石)
오색미도 새끼줄도 없을 때는 돌을 사용한다. 돌을 놓는 방법으로 단어를 나타냈다.

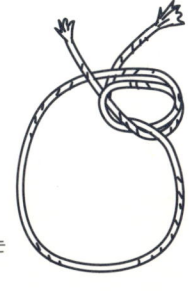

유이나와(結繩)
매듭이나 형태로 암호를 만들었다. 매듭이 두 개일 경우에는 숫자 2를 나타낸다.

닌자 FILE

닌자의 세 가지 표식이란?
닌자에게는 '나시루시', '미치시루시(道しるし)', '메쓰케시루시(目付しるし)'라는 세 가지 표식이 있다고 한다. '나시루시'란 누가 앞에 있는지를 확인하기 위한 표식이다. '미치시루시'는 갈림길 등에서 자신이 지나려는 길을 전하기 위한 표식이다. 그리고 '메쓰케시루시'는 목표를 발견했을 때 이를 보고하기 위한 표식이다.

닌자는 북두칠성의 위치로 시간을 확인했다

해당 시대					해당 목적					
무로마치 후기	센고쿠 초기	센고쿠 중기	센고쿠 후기	에도 초기	잠입	정보 수집	모략	암살	공격	전달

✦ 현재 시각을 알려면 고양이의 눈을 보면 된다?

때로는 마을에서 멀어져야 하며 때로는 어둠에 숨어서 이동해야 하는 닌자들에게 날씨나 시각에 관한 지식은 필수였다. 이를 찰천술察天術이라고 한다.

오래 살아 익숙한 고장이라면 아주 약간의 징후만으로도 날씨의 변화를 읽어낼 수 있다. 예를 들어 하늘의 색이나 구름의 움직임, 멀리 떨어진 산이 보이는 형태 등이다. 그러기 어려운 낯선 땅에서는 농민이나 어부들로부터 정보를 얻었다. 이들의 생업은 날씨와 연관될 수밖에 없기 때문이다.

비바람은 소리를 지워주므로 은밀히 행동하기 쉬워진다. 따라서 비가 내리는 날은 잠입할 적기로 여겼다. 닌자가 비가 내릴 조짐에 민감했던 까닭이다. 달무리가 끼면 비가 내린다는 말은 지금까지도 익히 쓰이지만, 산이 가깝게 보인다면 비가 내린다는 말도 있다. 또한 하늘을 나는 솔개의 모습을 참고하는 경우도 있었다. 아침에 울면 그날은 비, 저녁에 울면 이튿날은 맑음, 원을 그리며 날아오른다면 이튿날은 맑음, 원을 그리며 내려앉는다면 비가 내린다는 식이다.

시간을 확인할 경우 맑은 대낮이라면 태양의 위치를 참고했다. 한편 밤에는 북극성과 북두칠성의 위치가 단서였다. 북반구에서는 모든 별들이 북극성을 중심에 두고 반시계 방향으로 24시간에 걸쳐 한 바퀴 돈다. 이 사실을 알고 있던 닌자들은 북두칠성의 위치를 통해 시간을 확인했다.

인술서에는 이처럼 북두칠성을 이용한 시간 확인 방법 외에도 '고양이 눈'이라는 닌자들의 단가短歌가 소개되어 있다. '여섯은 동그라미, 다섯 일곱은 달걀, 넷 여덟은 감, 아홉은 바늘'이라는 내용으로, 하루 중 시간에 따라 생김새가 달라지는 고양이의 눈으로 시간을 표현한 시조. 하지만 고양이의 눈은 시간과 무관하게 자주 변화하므로 실용적이었는지는 의심스럽다. 일종의 우스갯소리가 아니었을까.

찰천술

현대 과학에도 비견되는 닌자의 일기예보
닌자는 자연 현상을 꼼꼼하게 관찰해서 날씨를 예상했다. 그 지식의 정확성은 현대로 접어들어 과학적으로 실증되었다.

저녁놀 다음 날은 맑음
일본에서는 서쪽에서 동쪽으로 날씨가 변화하므로 서쪽 하늘은 곧 미래의 날씨를 가리킨다. 서쪽 하늘로 저무는 저녁놀이 아름다우면 다음 날은 맑을 확률이 높다.

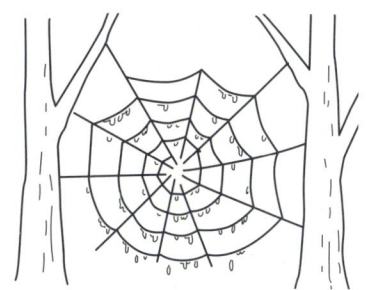

거미줄에 아침 이슬이 맺히면 맑음
밤중에 구름 한 점 없는 날씨였다면 이튿날 지면에는 이슬이 맺히고 날씨는 맑은 날이 그대로 이어진다. 아침에 거미줄에 이슬이 맺혔다면 밤에는 구름이 없었음을 가리킨다.

양초에서 검댕이 나오면 비
비가 다가오면 기압이 낮아지고 습도가 높아진다. 따라서 양초의 심지가 젖어서 탄소가 불완전연소를 일으켜 검댕이 생긴다.

해나 달에 무리가 끼면 비
권층운에 뒤덮이면 해나 달에 무리가 낀다. 이 구름은 저기압 때문에 발생하기 때문에 시간이 지나면 비가 내리는 경우가 많다.

> **닌자 FILE**
>
> **500년 전부터 푄 현상을 알고 있었다!?**
> 건조하고 따뜻한 바람이 산에서 불어 내려오는 현상을 푄 현상이라고 한다. 닌자는 그 모습을 인술서에 기록하며 '한 집에 불을 놓으면 만호를 태울 수 있다'고 설명을 남겼다.

시간

닌자는 북두칠성을 보고 시간을 파악했다

야간 임무도 있는 닌자들은 어떻게 시간을 파악했을까. 북두칠성의 움직임이나 고양이의 눈을 보고 확인했다.

북두칠성 시계

북두칠성은 북극성 주변을 24시간 동안 한 바퀴 돈다. 즉, 한 시간에 15도씩 이동하므로 임무가 시작되었을 때 북두칠성의 위치를 기억해두면 대략적인 시간을 파악할 수 있었다.

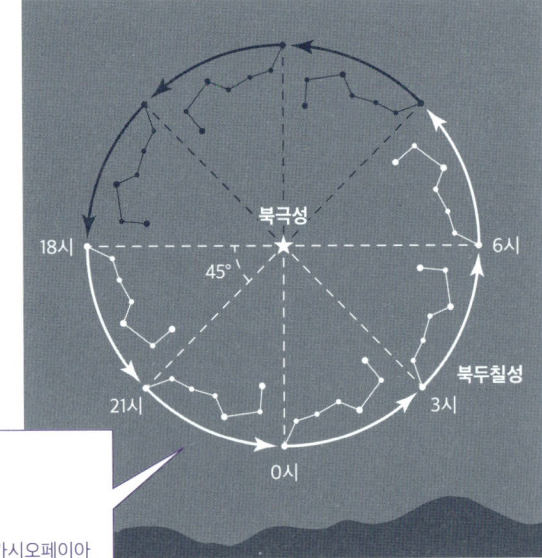

POINT

북극성을 발견하는 방법

북극성을 찾으려면 먼저 북두칠성이나 카시오페이아자리를 찾아야 한다. 북두칠성의 경우, A의 직선을 약 5배 늘이면 북극성이 나온다. 카시오페이아자리의 경우는 B의 직선을 약 5배 늘이면 북극성이 나온다.

column

고양이 눈 시계

인술서에 기록된 '고양이 눈 시계'는 본래 중국이 기원으로, 당나라 시대까지 거슬러 올라간다. 무로마치 시대에 일본으로 전래되었고, 에도 시대로 접어들어 연구가 진행되었다.

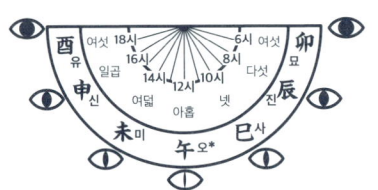

*에도 시대는 일출과 일몰을 기준으로 시간을 12지에 따른 총 12각으로 나누어 구분했다. 예를 들어 오후 12시는 낮의 9각(刻), 즉 오(午)의 각이 된다

방위

닌자만의 특제 나침반을 사용해 확인

닌자는 바늘이나 철판을 갖고 다니며 나침반으로 활용했다. 임무 중 이동할 때 외에도 지도를 작성할 때도 사용했다.

닌자의 나침반
바늘이나 기샤쿠(䇲著屈)를 달군 후 바로 식히면 자력이 생겨서 끝부분이 특정한 방위를 가리키게 된다.

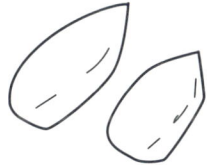

기샤쿠(䇲著屈)
길이 5cm 정도의 얇은 철판을 배 모양으로 만든 것. 뜨겁게 달군 뒤 곧바로 물에 띄우면 북쪽 혹은 남쪽을 가리킨다.

바늘
한쪽 끝이 빨갛게 변할 때까지 달군 후 물에 띄우면 끝부분이 북쪽 혹은 남쪽을 가리킨다.

---

column

바늘이 북쪽과 남쪽을 가리키는 이유

바늘을 뜨겁게 달구면 끝부분이 북쪽으로 향하는 데에는 과학적인 이유가 있다. 철로 이루어진 바늘이나 기샤쿠는 내부의 자성이 저마다 다른 곳을 향하고 있는데, 여기에 열을 가해 자극을 주면 자성이 한 방향으로 쏠린다. 이 현상을 열잔류자화라고 한다.

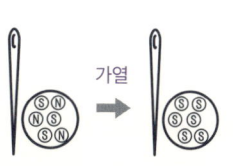

4장

55 임무를 수행하기 위해 몇 년 동안 스파이 생활을 하기도

임무의 법도

해당 시대	해당 목적
무로마치 후기 / 센고쿠 초기 / 센고쿠 중기 / 센고쿠 후기 / 에도 초기	잠입 / 정보 수집 / 모략 / 암살 / 공격 / 전달

✦ 효과적으로 배신하려면 직전까지 충성을 다한다

중국의 옛 전설에는 달에 산다는 계남桂男, 가쓰라오이라는 선인이 등장한다. 여기에서 따온 인술이 바로 계남술桂男術이다. 평상시에도 신분을 위장해 적진 안에서 생활하는 닌자를 달에 사는 계남, 즉 가쓰라오에 빗댄 것이다.

이 기술의 어려운 점은 당사자인 가쓰라오를 선정하는 것이다. 다른 인물로서 살아가기 위해서는 설령 아군이라 해도 타인에게 얼굴이 알려져서는 안 된다. 아군 중에도 적이 숨어 있을 가능성이 있기 때문이다. 그래서 훗날 가쓰라오로 이용하기 위해 '짓추蟄虫1'라는 역할의 인물이 미리 준비된다. 뜻은 있으나 아직 관직을 얻지 못한 인재를 비밀리에 등용한 뒤, 확실하게 같은 편이 되었을 때 적국에서 관직을 얻게 하는 것이다. 이때 오랫동안 적국에 거주하며 완전히 그 나라 사람으로 신용을 얻은 '아나우시穴#'라는 역할의 인물이 짓추의 신원 보증인이 되어준다. 아나우시는 첩보 임무를 수행하는 대신 짓추의 감시역을 맡았다.

가쓰라오는 적의 진영에서 꾸준히 작은 공적을 세워서 가능한 한 지위와 신용을 얻기 위해 노력한다. 그리고 이때다 싶은 타이밍에 배신하는 것이다. 주군에게 조언할 수 있을 정도로 출세했을 경우 적은 치명적인 타격을 받게 된다.

한편 대번술䋞翻術은 일반인이 아니라 닌자를 적진에 위장 잠입시키는 기술이다. 다만 각 다이묘가 자신만의 닌자 집단을 육성하던 센고쿠 시대에 타지에서 온 닌자를 동료로 받아들인다는 것은 현실적이지 않은 일이므로 이는 에도 시대로 접어들어 정착된 방법이리라.

주군과 상의를 마친 닌자가 적군으로 배반해 상대편의 동료가 된 후, 주군의 신호에 따라 적을 계략에 빠뜨리는 기술을 메아리술이라고 한다. 사전 준비가 중요한 기술로, 두 사람 사이에 불화가 발생해 부하가 적 진영으로 도주하는 모습을 확실하게 연출해야 한다. 그리고 신호가 하달되는 그 순간까지 적의 일원으로서 충성을 다하는 것 역시 핵심이다.

---

1 겨울철에 활동하지 않고 땅속에서 가만히 지내는 벌레를 뜻함

계남술

닌자를 잠입시키기 위해 준비된 스파이 조직

적지에 닌자를 잠입시키려면 사전 준비가 필요했다. 적지에 오랫동안 거주해온 닌자의 존재도 기술의 성패에 큰 영향을 끼쳤다.

계남술(桂男術)의 구조

가쓰라오로서 타국에 파견되는 닌자를 '짓추'라고 불렀는데, 이들은 아나우시를 중개인 삼아 타국에 자리를 잡았다. 아나우시가 짓추로부터 입수한 정보를 약장수나 고무소, 야마부시로 변장한 닌자에게 보고하면 정보는 자국으로 전달되었다.

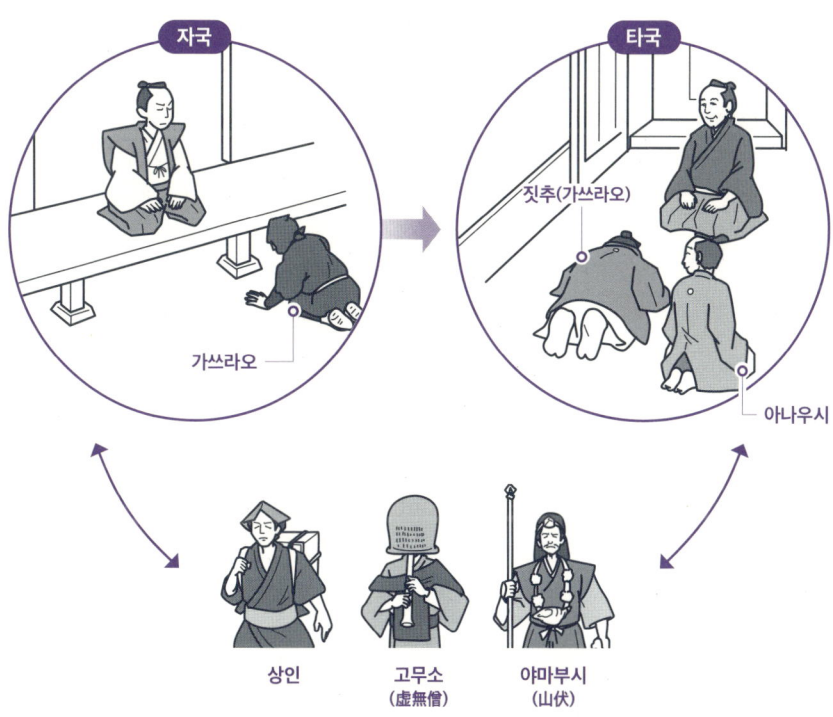

자국 / 타국 / 짓추(가쓰라오) / 가쓰라오 / 아나우시 / 상인 / 고무소(虛無僧) / 야마부시(山伏)

---

column

짓추와 아나우시로 적합한 인물은?

적지에서 오랫동안 생활해야 했던 짓추와 아나우시는 적과 친해져서 배신할 가능성이 있었다. 이를 막기 위해 주군에게 충성을 맹세했으며 의리와 인정이 두터운 사람이 선발되었다. 여성의 경우는 적과 정을 나누는 경우가 많아 배신할 가능성이 높기 때문에 특히 주의해야 했다. 또한 이들과 혈연관계인 인물을 인질로 삼아 배신을 억제하는 방책도 실시되었다.

대번술

닌자를 적국의 닌자로 만든다

대번술이란 자신의 닌자를 적이 고용하게 한 후, 때가 왔을 때 아군으로 돌아서게 해서 적에게 타격을 입히는 기술이다.

대번술의 구조
적국의 무장에게 보낸 아군 닌자가 오랜 시간에 걸쳐 신용을 얻은 후 적국의 닌자 조직에 들어간다. 적의 정보가 수집되는 대로 이때다 싶을 때 적을 공격한다.

---

column

이가모노는 대번술이 특기였다

이가 닌자는 전국 각지의 번에 고용되어 있었기 때문에 그 조직은 일본 전체에 퍼져 있었다. 따라서 고용주인 여러 다이묘들은 이들을 그다지 신용하지 않았고, 일반 무사들 역시 차가운 시선을 보냈다고 한다. 실제로 이가 닌자의 지휘관이었던 핫토리 한조는 여러 닌자를 각지로 파견했다.

메아리술

아군을 배신하는 명품 연기로 적 조직에 숨어든다

'적을 속이려면 아군부터 속여라'라는 말이 있다. 닌자는 주군을 배신하는 척하고 적국으로 도망친 후 때를 보아 적을 배신했다.

① 주군과 닌자가 미리 협의한 후 아군 내부에서 거짓 사건이나 다툼을 일으킨다.

② 적국으로 도망쳐 신용을 얻기까지 열심히 일해 적의 닌자 조직에 들어간다.

③ 주군의 신호가 떨어지면 배반, 적에게 큰 타격을 입힌다.

④ 자국으로 돌아오면 임무는 완료된다. 장기 임무이므로 주군과의 관계성이 중요했다.

이궁술(弛弓術)
적에게 사로잡혔을 경우, 적의 지시에 따라 적측에 투항한다. 때를 보아 적에게 타격을 입히고 아군으로 돌아서는 기술이다.

닌자 FILE

스파이인지 아닌지 확인하기
적국에서 온 닌자는 언젠가 배신할 가능성이 있다. 따라서 그 심리를 확인하기 위한 시험을 실시했다. 닌자를 모국 근처로 보내 거짓 정보를 흘리게 한다. 이때 주저하는지 아닌지를 살펴서 그 닌자가 스파이일 가능성이 있는지 시험했다고 한다.

4장

임무의 법도

56 적 조직 내부에서 불우한 자를 찾아내 내분을 꾀했다

해당 시대					해당 목적					
무로마치 후기	센고쿠 초기	센고쿠 중기	센고쿠 후기	에도 초기	잠입	정보 수집	모략	암살	공격	전달

◆ 정세가 문란한 나라일수록 빈틈도 많다

적국의 가신을 배반케 해 간자^{間者}, 스파이로 이용하는 기술이 바로 사충술^{養蟲術}이다. 사충은 일본어로 '미노무시'로, 본래 도롱이벌레를 의미하는 말이지만 동시에 '사자^{獅子}의 몸^身 속에 사는 벌레^蟲 무시'를 연상케 한다.[1]

간자로 끌어들이기 쉬운 상대를 찾는 데에는 몇 가지 조건이 있다. 1순위는 아군과 혈연관계에 놓인 인물이다. '피는 물보다 진하다'는 말에서도 알 수 있듯 가장 말을 건네기 쉬운 상대다.

그 나라의 통치 상황도 중요한 요인이다. 정세가 문란한 국가에서는 필히 주군에 대한 반감이나 증오가 자리 잡게 된다. 이 점을 노려서 사소한 죄로 처벌받은 자, 억울하게 목숨을 잃은 자와 혈연관계인 인물, 좋은 가문임에도 불구하고 출세복이 없는 자, 재능은 있지만 주군에게 냉대를 받고 있는 자, 가문을 상속할 때 계급이 떨어지거나 영지를 몰수당한 자 등을 목표로 삼았다. 이렇게 잠재적인 반역의 싹을 찾아내서 간자로 스카우트했다. 또한 이익에 민감한 자, 탐욕이 많은 자에게는 지위나 금전을 내려서 아군으로 끌어들이는 방책도 실시되었다.

이인술^{里人術}은 적국에 거주하는 마을 사람을 닌자로 이용하거나 모략을 실시할 때 협력자로 이용하는 기술이다. 선정 방식은 사충술과 다르지 않다. 이렇게 적국 내부에 닌자 조직을 만들어 남몰래 세력을 확장해나간다. 계남술에서 사용할 가쓰라오나 아나우시를 조직 내부에 편입시키기도 했다. 이러한 조직을 많이 만들 수 있다면 적국의 정세를 속속들이 빼낼 수 있게 되고, 얻어낸 정보는 유사시 아군에게 유리하게 활용된다. 복수의 조직을 육성하는 이유는 특정 조직의 존재가 발각당하더라도 다른 곳에서 빈틈을 메울 수 있기 때문이다.

하늘을 향해 침을 뱉으면 그대로 자신의 얼굴에 떨어지기 마련이다. 천타술^{天唾術}은 그 느낌 그대로 적이 보낸 간자를 이용하는 방법이다. 배신을 유도하거나, 모르는 척 가짜 정보를 쥐어줘서 적에게 손해를 입히는 기술이다.

---

1 '사자 몸속의 벌레'는 불경에서 유래한 일본 속담으로 내부의 적이나 배신자를 가리킴

사충술

배반할 듯한 사람을 찾아내 스파이로 만든다

사충술은 적국의 가신을 배반케 해 아군으로 삼는 기술이다. 어떤 사람을 선정했을까?

사충술(裏虫術)의 조건

우선 쉽게 배신할 듯한 사람을 찾아내는 것이 중요하다. 조직에는 반드시 처지가 불우한 자가 존재하기 마련이므로 바로 그 부분을 노린다.

통치가 문란한 국가의 주민
혈연관계인 인물이나 지인이 억울한 죄로 죽임을 당해 주군에게 원망을 품은 자

부당한 대우를 받은 자
이름난 가문 출신임에도 그에 합당한 지위로 승진하지 못한 자

아군에 혈육을 둔 자
아군 측에 부모나 자식처럼 깊은 관계를 가진 자가 있어 피붙이와의 적대를 안타까워하는 자

물욕이 많은 자
욕심이 많아 자신의 이익을 우선시하는 자. 돈을 줘서 아군으로 포섭한다.

천타술(天唾術)
적국으로부터 숨어든 닌자에게 가짜 정보를 건네고 보고하게 해서 적의 상황을 불리하게 만드는 기술. 적의 닌자도 눈치채지 못하는 사이에 적국의 전력을 약화시키는 기술이다.

모리 모토나리의 천타술 증거자료

모리 모토나리가 스에 하루카타와 맞설 때, 하루카타는 모토나리에게 아마노라는 간자를 보냈다. 모토나리는 아마노가 스에 가문의 간자임을 알고 있으면서도 받아들였다. 그러던 어느 날, 모토나리는 아마노를 불러 스에 가문의 중신에게 편지를 건네라는 지시를 내렸다. 스에 가문의 중신이 모리 가문으로 배반했다고 생각한 아마노는 곧장 하루카타에게 달려갔고, 그 이야기를 들은 하루카타는 분노해 중신을 죽이고 말았다.

4장

57 거짓 소문 하나로 일국을 붕괴로 이끌었다

해당 시대	해당 목적
무로마치 후기 / 센고쿠 초기 / 센고쿠 중기 / 센고쿠 후기 / 에도 초기	잠입 / 정보 수집 / **모략** / 암살 / 공격 / 전달

✦ 거짓 문서를 효과적으로 사용해 적 진영에 혼란을 초래하다

적군의 유능한 인재, 고위층 인물을 제거해서 적 진영을 혼란에 빠뜨리면 결과적으로 아군에는 이득이다. 반딧불이술은 이를 위한 기술이다. 이때는 문서를 사용한다. 예를 들어 내통하는 편지 등, 표적을 궁지에 몰아넣기 위한 가짜 문서를 만들어서 적의 손에 건네는 것이다.

이때 가짜 문서는 적의 저택에 숨기기도 하지만 일부러 상대방의 닌자에게 빼앗기기도 했다. 결과적으로 적이 그 문서를 진짜라고 받아들였다면 성공이다. 목표물이 처형당하거나 추방당할 경우 적 진영의 약화로 이어진다. 유능한 인물 하나가 줄어들 뿐 아니라 그 일족 내부에서 주군에 대한 반감이 생겨나기 때문이다. 이러한 감정이 격화되어 내분이나 배반으로 발전한다면 그야말로 바라마지 않던 상황인 셈이다. 적진에 떨어뜨린 한 방울의 독이 일국의 붕괴로 이어지기도 한다.

노반술虜反術은 포로의 배신을 유도하는 기술이다. 전투 도중 포로를 잡았다고 가정해보자. 이때 배반을 부추기고 포로가 여기에 응했다면 그 일족에게까지 배신을 권하는 편지를 쓰게 할 수 있다. 센고쿠 시대에는 주군의 가문보다 직접 섬기는 무장의 입신양명이 자신의 장래와 직결되어 있었기 때문에 일족이 모두 배반하는 경우도 꽤 있었다. 이때 포로가 배신을 거절했다 해도 같은 내용의 가짜 문서를 보냈다. 일족이 여기에 응한다면 포로도 뜻을 바꿀 가능성이 생겨나기 때문이다.

또한 무장들이 주의한 점은 배신에 응하지 않았다 하여 포로를 죽여서는 안 된다는 것이었다. 죽였다간 그 일족들이 복수를 맹세해 전투 때 한층 더 위험한 존재로 돌변하게 된다.

포로로 삼기 전에 상대방이 자결했을 때 역시 가짜 편지를 보내 일족을 배신하게 만드는 경우가 있었다. 상대방이 동의한다면 그야말로 예상치 못한 횡재. 일족에게는 본인은 편지를 쓴 후 죽었노라고 거짓 사실을 전했다.

반딧불이술

목숨을 바쳐서 적을 내부에서 붕괴시킨다

반딧불이는 가짜 밀서와 맞바꿔 덧없이 스러지는 닌자의 목숨을 가리킨다. 적에게 일부러 붙잡힌 후 문서를 건네서 적을 혼란에 빠뜨렸다.

반딧불이술의 구조

① 적 중신의 집에 잠입해 가짜 문서를 거실 어딘가에 감춰놓는다.

② 일부러 잡혀서 고문을 당한다. 목숨과 맞바꿔서 지니고 있던 가짜 밀서를 내민다.

③ 중신의 집에서 감춰놓은 가짜 문서가 발견되면서 중신에게 배신의 혐의가 씌워진다.

④ 적이 가짜 문서를 믿었을 경우 중신은 처형당하거나 추방당했다.

오다 노부나가의 반딧불이술

이마가와 요시모토와 적대 관계였던 오다 노부나가는 이마가와 가문의 중신인 도베 신자에몬을 반딧불이술로 쓰러뜨리는 데 성공했다. 노부나가는 도검상으로 변장한 닌자에게 가짜 문서를 쥐어주고 아사히나 가문을 드나들게끔 지시했다. 아사히나 가문은 신자에몬과 적대하고 있었기 때문이다. 아사히나 가문은 도검을 감싼 종이에서 가짜 문서를 발견했고 요시모토에게 보고했다. 가짜 문서를 믿어버린 요시모토는 신자에몬을 죽이고 말았다.

column

『손자병법』

『손자병법』 용간편에는 장군이 간첩을 부리지 못한다면 전쟁에서 승리할 수 없다고 기록되어 있다. 한편 『반센슈카이』에는 닌자의 입장에서 본 오간*에 대한 구체적인 방법이 기록되어 있는데, 둘의 입장은 다르다.

*손자병법에서 말하는 간첩의 다섯 가지 유형으로, 고장 사람을 첩자로 삼는 향간, 적국의 관리나 군인 등을 꾀어내 배신케 하는 내간, 두 사람을 이간질하는 반간, 배반할 것으로 예상되는 첩자에게 거짓 정보를 쥐어주고 적에게 처형되게 하는 사간, 적지에 잠입하고 살아나와서 정보를 보고하는 생간이 있다

4장

임무의 법도

적군의 야영지에 숨어들어 소란을 일으켜 혼란을 야기했다

해당 시대	해당 목적
무로마치 후기 / 센고쿠 초기 / 센고쿠 중기 / 센고쿠 후기 / 에도 초기	잠입 / 정보 수집 / 모략 / 암살 / 공격 / 전달

◆ 야영지를 예상해 미리 잠복하고 있었다!

야영지로 예상되는 곳에 미리 닌자를 잠입시켜두는 기술이 바로 영입술迎入術이다.

군대가 이동할 때는 진군 도중에 날이 저물었다 하여 즉석에서 야영지를 정하는 일은 없다. 많은 인원이 한 방향으로 움직이려면 상당한 시간이 걸린다. 마라톤이 좋은 예시다. 마라톤에서 스타트를 끊을 때는 선두부터 기록이 빠른 순서대로 나란히 서서 차례대로 달리기 시작한다. 이렇게 시간 순서대로 줄을 서더라도 앞쪽이 붐비는 탓에 맨 끝줄이 출발점을 통과하기까지 20~30분이 걸리는 경우도 있다.

수천, 수만의 대군이 출병하면 더 많은 시간이 걸리리란 것은 상상하기 어렵지 않다. 소부대별로 간격을 띄운다 하더라도 한 걸음을 내딛기까지 몇 시간은 걸리리라. 그리고 막상 진군을 시작하면 장비나 짐이 부담으로 다가온다. 이렇게 생각해보면 하루에 이동 가능한 거리는 뻔하다. 따라시 진군할 때는 기본적으로 사전에 야영지를 선정해두었다. 영입술의 핵심은 야영지의 위치를 예측하는 것이었다.

야영 중에는 외부로부터의 침입에는 경계심을 늦추지 않지만 처음부터 야영지에서 매복하고 있던 소수의 적에 대한 방비는 게을리하기 마련이다. 이 허점을 찔러서 몸을 숨기고 있던 닌자들이 적진 내부에서 소동을 일으킨다.

가장 먼저 방화를 시도한다. 본진이나 간부급 무장의 숙박 시설에 불을 질러 지휘계통을 혼란에 빠뜨리는 것이다. 여러 곳에 불을 놓는다면 혼란은 가중되고 오래 지속되므로 가능한 한 민가에까지 불을 지르고 다녔다. 방화와 함께 진중에 헛소문을 퍼뜨려서 소동을 유발시키기도 했다. 결과적으로 같은 편끼리 싸우게 하거나 폭동을 일으킨다면 성공이었다. 혼란이 한창일 때 약탈을 시도하면 상대방은 한층 더 큰 혼란에 빠졌다. 병량이나 무기를 빼앗고 말을 풀어놓으면 적 전력을 크게 줄일 수 있음은 새삼 설명할 필요도 없으리라.

영입술

미리 잠입해서 적의 야영지를 엉망으로

영입술은 적의 야영지에 미리 닌자를 잠복시켜두는 기술이다. 닌자들은 지역 주민이나 적병으로 변장해 적을 혼란에 빠뜨렸다.

영입술(迎入術)의 구조

적의 군대가 출발했다면 적보다 빨리 야영지로 향해 잠복한다.
적군이 도착해 숙영 준비를 하는 사이에
방화나 약탈, 소동을 일으켜 혼란에 빠뜨렸다.

방화
본진이나 숙영 장소, 일반 민가에 불을 지른다. 혼란을 심화시키기 위해 넓은 범위에 불을 질렀다.

소동
방화와 더불어 헛소문을 퍼뜨린다. 같은 편끼리 싸우게 하거나 주민들의 폭동을 유발하는 것이 목적이었다.

약탈
방화나 소동으로 혼란이 벌어졌을 때를 노려 병량이나 무기, 운반용 도구 등을 훔치거나 불태웠다.

4장 임무의 법도

잠입할 절호의 기회는 적군이 출진할 때! 닌자는 약점을 찾아내는 프로

해당 시대 | 무로마치 후기 | 센고쿠 초기 | 센고쿠 중기 | 센고쿠 후기 | 에도 초기

해당 목적 | 잠입 | 정보 수집 | 모략 | 암살 | 공격 | 전달

✦ 상대방이 출진할 때 허를 찔러 공격하거나 침입을 시도하는 삼차술

공성전 때 이용되는 인술의 하나로 삼차술參差術이 있다. '가타타가에肩違え'라고도 하는데, 누군가와 스쳐 지나갈 때면 어깨肩가 엇갈리듯이違え, 적이 출진하려는 타이밍에 맞춰서 공격하거나 침입을 시도한다는 의미다.

삼차술이 효과적인 이유는 상대방이 다른 곳에 정신이 팔린 빈틈을 찌르는 행위이기 때문이다. 출진 준비에는 할 일이 많다. 그렇게 한창 채비를 할 때 습격을 당하면 맞서 싸울 경황이 없어진다. 더군다나 출진 시에는 병사들의 마음도 자연스럽게 급해진다. 반드시 지킨다는 의식이 옅어지기 마련이므로 공격을 당하면 때로는 싱겁게 완패당하는 경우도 있다.

출진 시는 공격뿐 아니라 성 안으로 침입하기에도 안성맞춤이다. 사람들이 자주 드나드는 상황은 몰래 침입을 시도하는 닌자에게는 절호의 기회다. 대부분의 적이 밖으로 나간 뒤에는 허술해진 성 안에서 마음대로 소란을 일으킬 수 있게 된다.

삼차술은 특히 야습 상황에서 사용되는 경우가 많은데, 두 가지 패턴이 있었다. 먼저 적의 야습이 예상될 경우다. 닌자는 신속하게 적의 성에 접근, 실제로 적군이 야습을 위해 성을 벗어나면 교대하듯 성 안으로 침입해 방화나 소란을 일으킨다. 막상 출진하기는 했으나 성을 나서자마자 안에서 불길이 치솟는다면 적군은 당연히 혼란에 빠지고 불안에 휩싸이리라. 그렇게 됐다면 성공이다.

반대로 적에게 야습을 걸 때도 삼차술이 사용된다. 이때 역시 닌자가 먼저 적의 성에 접근한다. 그리고 전투가 벌어지면 혼란을 틈타 성 안으로 잠입해 아군과 안팎으로 호응하며 싸우는 것이다. 자신들의 보금자리인 성 안에서 소란이 발생했으니 이후로 적들은 자신의 성 안에서도 불안한 날들을 보낼 수밖에 없게 된다.

삼차술

수비가 가장 허술해질 때를 노린다

공격하려 할 때는 방비가 허술해지기 마련이다. 닌자들은 그 틈을 노려서 침입해 적에게 큰 타격을 입혔다.

◖ **삼차술(参差術)의 구조** ◗

적이 출진을 시작하면 성문이나 울타리의 입구를 통해 성 안으로 잠입해서 불을 지르거나 소동을 일으킨다.

야습을 건다

출진 전에는 잠입하기 쉽다
출진 전에는 준비를 하느라 바쁘고 입구에는 드나드는 인원도 많으므로 경비들도 긴장을 늦추게 된다. 공격에 정신이 팔려 있기도 한 탓에 잠입하기 쉬웠던 모양이다.

이·삼차술(裏·参差術)
반대로 아군이 적의 성에 야습을 감행할 때는 닌자를 먼저 잠입시켜서 적에게 야습을 알린다. 적이 방어 준비를 하는 사이에 성 안으로 잠입해서 적을 혼란에 빠뜨린 뒤 야습을 가했다.

4장

적이 허점을 내보이게끔 일부러 허점을 드러내기도

해당 시대					해당 목적				
무로마치 후기	센고쿠 초기	센고쿠 중기	센고쿠 후기	에도 초기	잠입	정보 수집	모략	암살	공격	전달

✦ 적을 성에서 끌어내는 수월술과 거짓 투항을 시도하는 곡입술

적이 출진하기를 기다리지 않고 의도적으로 성 안의 적을 끌어내기 위한 기술도 있다. 이를 수월술水月術이라고 한다. 원숭이가 물에 비친 달을 진짜로 착각하듯, 눈앞에 맛있는 먹잇감을 매달아 놓으면 저도 모르게 마음을 빼앗기고 마는 것이 인간의 심리다. 수월술이라는 이름은 여기에서 유래한다.

성에서 한 발짝도 나오려 하지 않는 적군을 끌어내기에 가장 좋은 미끼는 무엇일까. 일례로 부대를 나눠서 모종의 공작을 펼치려는 것처럼 시늉하는 수법이 있다. 소부대로 진을 치거나 호위를 거의 붙이지 않은 병참 부대를 이동시키는 등, 일부러 적에게 빈틈을 노출하는 것이다.

당연히 이 움직임은 책략으로, 마중물이라는 사실을 모른 채 적이 성에서 뛰쳐나온다면 성공이다. 소부대나 병참 부대의 배후에 복병을 배치하는 등의 수를 써서 방비를 마친 뒤 닌자 부대를 적성으로 보낸다. 이때가 앞서 언급한 삼차술을 사용할 순간이다.

또한 적성이나 진지를 혼란에 빠뜨리기 위한 방법으로 곡입술谷入術이 있다.

전투 중에 부대 단위로 적에게 투항하는 척한 뒤, 때를 노려 아군에게 되돌아가 적을 공격하는 기술이다. 적군으로 들어가기 위해 일부러 적에게 붙잡히거나 아군 중 누군가를 희생시켜서 적군의 신용을 얻었다. 여기에 적의 닌자와 친교를 쌓아 꽤나 친한 사이가 되면 효과는 배가 된다.

메아리술과 비슷하지만 개인 단위가 아니라 소부대로 거짓 투항하는 것이 곡입술의 특징이다. 메아리술과 마찬가지로 적의 일원으로서 활동하는 동안에는 거짓 항복임이 발각되어서는 안 된다. 오히려 충성을 다하며 때를 기다리는 것이 핵심이었다. 그러면 결정적인 그 순간이 왔을 때 효과도 높아진다.

수월술

적을 끌어내 적의 성에 잠입한다

수월술은 일부러 적에게 빈틈을 내보여서 끌어내는 기술이다. 닌자는 공격에 참가하는 대신 적의 정보를 탈취하는 데 전념했다.

수월술(水月術)의 구조

적을 끌어내기 위해 적의 성 근처나 숨을 자리가 없는 곳에 진을 치고 뭔가 공작을 펼치는 것처럼 위장한다. 적이 야습을 계획하기 쉽게끔 저녁 무렵에 실시한다.

야습을 감행한다

닌자는 야습을 실시한 적과 맞서 싸우지 않는다. 그 대신 적의 암호나 표식을 조사한다. 그러면 적군으로 위장해 적의 진지로 숨어들 수 있기 때문이다.

끌어내는 방법

군대의 일부를 적의 성 근처로 이동시킨다

호위대 없이 병참 부대를 이동시킨다

진을 쳐서 뭔가 공작을 꾸미는 것처럼 위장한다

닌자 FILE

일부러 탈출구를 터준다

적의 성을 공격할 때, 한쪽 길을 일부러 터놓는다. 그렇게 해서 적이 원군과 연락할 수 있게 한 뒤, 닌자는 원군의 사자로 위장해 잠입한다. 사자로 위장한 닌자는 병량, 무기를 보낼 일정을 적군과 논의해서 당일에 다수의 닌자가 적진 내부로 잠입할 수 있게끔 했다.

모리 모토나리의 수월술

증거자료

이쓰쿠시마 전투(1555년)

모리 모토나리는 불과 5,000명의 병력으로 3만 명의 스에 하루카타에게 승리를 거두었다. 이때 모리군은 수월술을 사용했다고 한다. 모토나리는 결전에 앞서 해상 보급로를 확보한다는 명분으로 미끼가 될 성을 이쓰쿠시마섬에 지은 뒤, 그 성이 모리군의 생명선이라는 거짓 정보를 적에게 퍼뜨렸다. 스에군은 이 작전에 넘어가 이쓰쿠시마섬에 상륙했지만 작은 섬에 대군이 진입하기란 어려운 일이었고, 우왕좌왕할 때 모리군의 공격을 받아 단숨에 섬멸당했다.

칼럼 ④

닌자는 무사에 비하면 쉽게 목숨을 잃었다?

항상 위험과 함께했던 닌자의 숙명

　적의 진영에 잠입해 정보를 수집하고, 때로는 성에 불을 지르기도 하며, 전투가 벌어지면 선두에 서서 적진에 침투하라는 명에 따른다. 닌자에게 주어진 임무에는 항상 위험이 따랐다. 도쿠가와 이에야스가 도요토미 히데요시와 싸웠던 덴쇼 12년(1584년)의 '가니에 전투'에서는 도쿠가와의 이가모노가 도요토미 측의 가니에성 본성의 돌담을 오르려다 위에서 발사한 철포에 수많은 사망자가 발생했다. 이에야스는 200명이나 되는 이가모노를 거느렸지만 34년 동안 12회의 전투를 거치며 75명의 닌자가 전사했다. 또한 오사카 겨울의 진에서 오카야마번의 닌자는 큰 강에 직접 들어가서 얕은 곳을 찾아내라는 명을 받았고, 차가운 겨울 강을 조사했다. 추위에 동사할 가능성이 높았지만 무사히 조사를 마쳤다고 한다. 일반 병사에 비해 닌자의 사망률이 더 높았는지는 알 수 없지만 위험했다는 사실만큼은 분명하다.

센고쿠 이후의 닌자들은…

에도 닌자 도감

에도 시대로 접어들어 평화로운 시대가 열리자 닌자들의 필요성이 사라지면서 닌자들 역시 활약할 기회를 잃어갔다. 센고쿠 시대에 활약했던 닌자나 그 후예들은 이후 어떤 일자리를 얻었으며 어떻게 인술을 활용했을까. 에도 시대를 살아간 닌자들의 모습을 살펴보자.

닌자가 아니라 경비원!?
에도성에서 근무하는 닌자 출신 샐러리맨들

태평성대가 찾아옴과 동시에 도쿠가와 이에야스가 거느렸던 이가와 고가 닌자들은 에도성의 경비원으로 일하기 시작했다. 본래 칠포나 경비 기술이 탁월했던 닌지들은 철포대에 몸담거나 일반인은 출입이 불가한 오오쿠*를 경비하는 등, 특별한 직종에 종사하게 되었다.

*大奧, 쇼군가 아녀자들의 거주 구역

철포 햐쿠닌구미(百人組)

에도성의 정문인 3대문(오테몬·니시마루오테몬·우치사쿠라다몬)을 경비했다. 이가구미·고가구미·네고로구미·니주고키구미의 네 조가 각각 100명씩 배속되어 교대로 경비를 맡았다. 이들의 대기소를 햐쿠닌반쇼百人番所라고 하는데, 지금까지도 황거에 부속된 정원인 고쿄히가시교엔皇居東御苑에 남아 있다.

철포대의 구성

이가구미(伊賀組) 이가의 토착 무사들 사이에서 선발된 조직. 본거지는 현재의 아오야마에 있었다.

고가구미(甲賀組) 조직의 수장은 야마오카 가게토모였다. 우치사쿠라다몬, 렌치몬, 3대문 등의 경비를 맡았다.

네고로구미(根来組) 기슈 네고로산의 사찰 호온지(報恩寺)의 승병이었던 토착 무사들로 구성된 조직. 지금의 신주쿠구 우시고메 벤텐초에 본거지가 있었다.

니주고키구미(二十五騎組) 이가·고가·네고로구미의 용병 집단과는 다르게 이 지역에서 태어난 병사들로 구성된 조직.

오히로시키반(御広敷番)

오오쿠의 저택과 관리 등의 대기소인 히로시키広敷를 나누는 오조구치御錠口를 열고 닫는 역할이었다. 오오쿠의 여성들이 외출할 때 경비를 맡기도 했다.

아키야시키반(明屋敷番)

막부가 소유한 빈 저택을 관리했다. 또한 새 저택의 배분을 담당하기도 했는데, 다이묘나 쇼군의 직속 가신들로부터 뇌물을 받을 수 있었다고 한다.

고부신카타(小普請方)

막부가 소유한 건물의 건축 및 수선을 맡는 직책. 주로 오오쿠나 도에이잔東叡山*, 관저 등으로 출장을 나가 소규모 수리를 담당했다.

*불교의 일파인 천태종의 간토 지방 총본산

야마자토반(山里番)

니시노마루西の丸에 위치한 망루인 야마자토야구라山里櫓의 문을 지키는 직책. 니시노마루는 은거한 쇼군 혹은 후계자의 거주지로 알려진 중요 거점이었다.

새로운 첩보 조직의 탄생
막부의 스파이, 온미쓰·오니와반

온미쓰(隱密)와 오니와반(御庭番)은 막부의 밀명을 받아 정보 수집을 실시했다. 이들은 담당하는 임무에서 차이가 났는데, 온미쓰는 감찰 임무를 띤 오메쓰케(御目付)의 관리였으며, 오니와반은 8대 쇼군인 도쿠가와 요시무네가 만든 직책으로, 각자 특별한 임무가 주어졌다.

고기온미쓰(公儀隱密)

에도 시대 초기부터 내려온 밀정 조직
막부의 밀명을 받아 비밀리에 정보를 수집하거나 탐색을 실시하는 관리. 공적인 입장에서 조사를 실시하는데, '오메쓰케'라는 조직이 온미쓰를 담당했다.

아이누 조사도 맡았던 온미쓰

사할린과 대륙 사이에 놓인 타타르 해협을 발견한 모험가로 유명한 마미야 린조는 막부의 온미쓰로도 알려져 있다. 홋카이도 북쪽의 사할린이나 러시아, 청나라 등의 변경 지역을 조사하고 특기인 변장술을 이용해 아이누인으로 변장하거나 걸인으로 변장해 시중을 살폈다.

오니와반(御庭番)

**도쿠가와 요시무네가
기슈에서 데려온 밀정 조직**

8대 쇼군인 도쿠가와 요시무네가
기슈에서 데려온 밀정 조직이다.
표면적으로는 에도성 본성의
정원 청소를 맡았다. 쇼군으로부터
직접 명령을 받아 에도 시내나
전국 각 번의 조사 활동을 맡았다.

온미쓰마와리(隱密周り)

무가의 토지와 사찰의 토지, 그리고
지방관이 다스리는 땅을 제외한 에도
시중의 방재나 치안 유지를 맡았다.
지금으로 말하자면 경찰과도 같은
역할이었다.

온고쿠고요(遠国御用)

에도 부근에서 멀리 떨어진 지역이나 지방으로 파견된
다이묘들의 동향 조사를 맡았다. 상인 등으로 변장해
2~3인이 한 조를 이루어 행동했다.

평화로울 때도 닌자는 없어서는 안 될 존재!
각 번을 섬겼던 닌자들

에도 시대는 각 번(藩)에서 수 명에서 200명 이상의 닌자들을 고용했다.
치안 유지를 위해 성 주변 마을을 감시하는 외에도 인근 번의 성 규모나 마을의 구성,
무력이나 번주(藩主)의 능력 등의 정보를 수집했다.

번명	숫자	번명	숫자
기슈(紀州)	200명 이상	히로사키(弘前)	20명
후쿠이(福井)	12명	아코(赤穗)	5명
기시와다(岸和田)	50명	마쓰에(松江)	30명
히코네(彦根)	10명	가와고에(川越)	50명
오카야마(岡山)	10명		

고나이요(御内用)

타국에 잠입해 정치 상황이나 각 번의 동향을 살폈다. 인근 지방의 다이묘가 영지를 몰수당했을 때나 백성들이 봉기를 일으켰을 때 등은 다이묘가 영지에 틀어박힐 가능성이 높았다. 동시에 노름꾼이나 기독교도를 적발하기도 했다.

가지바미마와리(火事場見回り)

불이 나지 않게 감시

에도 시대에는 화재가 많이 발생했다. 이를 미연에 방지하기 위해 시중을 감시하고 다녔다. 또한 불이 났을 때는 마을의 소방대를 지휘했다.

불침번(不寢番)

밤새 뜬 눈으로 다이묘를 경호

다이묘 같은 귀인이 행차했을 경우에는 숙박할 때가 가장 위험했다. 닌자들은 교대로 잠도 자지 않고 귀인의 경호를 맡았다.

슈몬초의 관리

화재로부터 호적등본을 사수

슈몬초宗門帳는 지금의 주민등록등본이나 호적등본에 해당한다. 성에 불이 났을 때는 닌자가 들고 빠져나가야 했다.

인술을 살려 그 분야의 전문가로
닌자의 후예들

전국 각지에 퍼져 있던 닌자들은 다양한 분야에서 인술을 살려 새로운 일자리를 찾았다. 약과 화약의 지식이나 체술 등의 기술이 많은 사람에게 이어지면서 지금까지 전해지고 있다.

의사

쇼군가의 의사가 된 고가모노의 후예
고가 닌자인 모치즈키 가문은 본래 의약과 깊은 관련이 있어 약품 매매업에 종사했다. 그 필두였던 모치즈키 산에이는 약을 이용한 치료 기술을 널리 인정받아 도쿠가와 가문의 시의侍醫로 명성을 날렸다.

약장수

약초 지식을 살려 전국에 약을 퍼뜨렸다
닌자의 마을이었던 오미 지방은 전국 최고의 약초 생산지다. 덴노에게 진상한 약은 73종류에 이른다. 따라서 오미의 닌자들은 의학 지식이 풍부했으며 전국에 약품을 판매하는 이들도 있었다. 메이지·다이쇼 시기에는 고가 지방 출신의 약학 박사들이 많았다고 한다.

상인

비밀 아지트는 과자점과 포목점!?

과자점이나 포목점 중에는 닌자가 원류인 가문이 많다. 마을에서 입수한 정보를 각지의 점포에서 서로 공유하고 밀정을 보내거나 잠복시키는 등, 과자점이나 포목점은 닌자들의 정보망으로서 전국적으로 조직화되어 있었다.

병법가

인술에서 무술의 달인으로

다테 가문의 닌자로 활약한 다케나가 하야토 가네쓰구는 무술의 길에 매진해 '야규신간류柳生心眼流'라는 유파를 창설했다. 많은 문인을 지도하며 현재까지도 도호쿠 지방에 전해지고 있다.

불꽃놀이 기술자

화기 기술로 폭죽을 제작

화약 기술을 살려 불꽃놀이 기술자가 된 닌자도 많다. 이들은 전국으로 흩어졌는데, 특히 미카와 지방의 불꽃놀이 기술자는 닌자의 후예들로 여겨진다. 스와 지방의 불꽃놀이에는 인술서에 남아 있는 화기의 형태가 그대로 남아 있다고 한다.

일자리를 잃고 인술을 악용해……
도적이 된 닌자들

일자리를 잃은 닌자 중에는 센고쿠 시대에 익힌 모략·간첩 기술을 악용해 도적이 된 이들도 있었다. 닌자로 활약했던 이들을 사로잡기란 쉬운 일이 아니었기에 막부는 현재 가치로 환산하면 1천만 엔이나 되는 막대한 현상금을 내걸어 이들을 토벌하는 데 힘을 기울였다.

도적들로 가득했던 에도 거리

센고쿠 시대가 막을 내리자 사람들은 일자리를 찾아 에도로 모여들었다. 시내에는 무가 저택이나 상가가 늘어섰고, 거리 조성이 진행되는 가운데 도적들은 강도나 상해를 입히는 행위를 반복해 에도 시중을 어지럽혔다.

고사카 진나이

가이 지방의 닌자였던 고사카 진나이는 에도 시중을 어지럽히는 도적으로 변모했다. 진나이는 그와 함께 도적으로 전락한 후마 고타로를 밀부에 밀고한 후 각지의 도적들을 규합해 뒷골목에서 세력을 키워나갔다. 이를 위험시한 막부는 진나이를 체포해 처형했다.

이시카와 고에몬

천하의 대도로 유명한 이시카와 고에몬은 이가 닌자로, 모모치 단바로부터 인술을 배웠다는 전설이 남아 있다. 끓는 솥에 집어넣어 죽이는 팽형에 처해졌다.

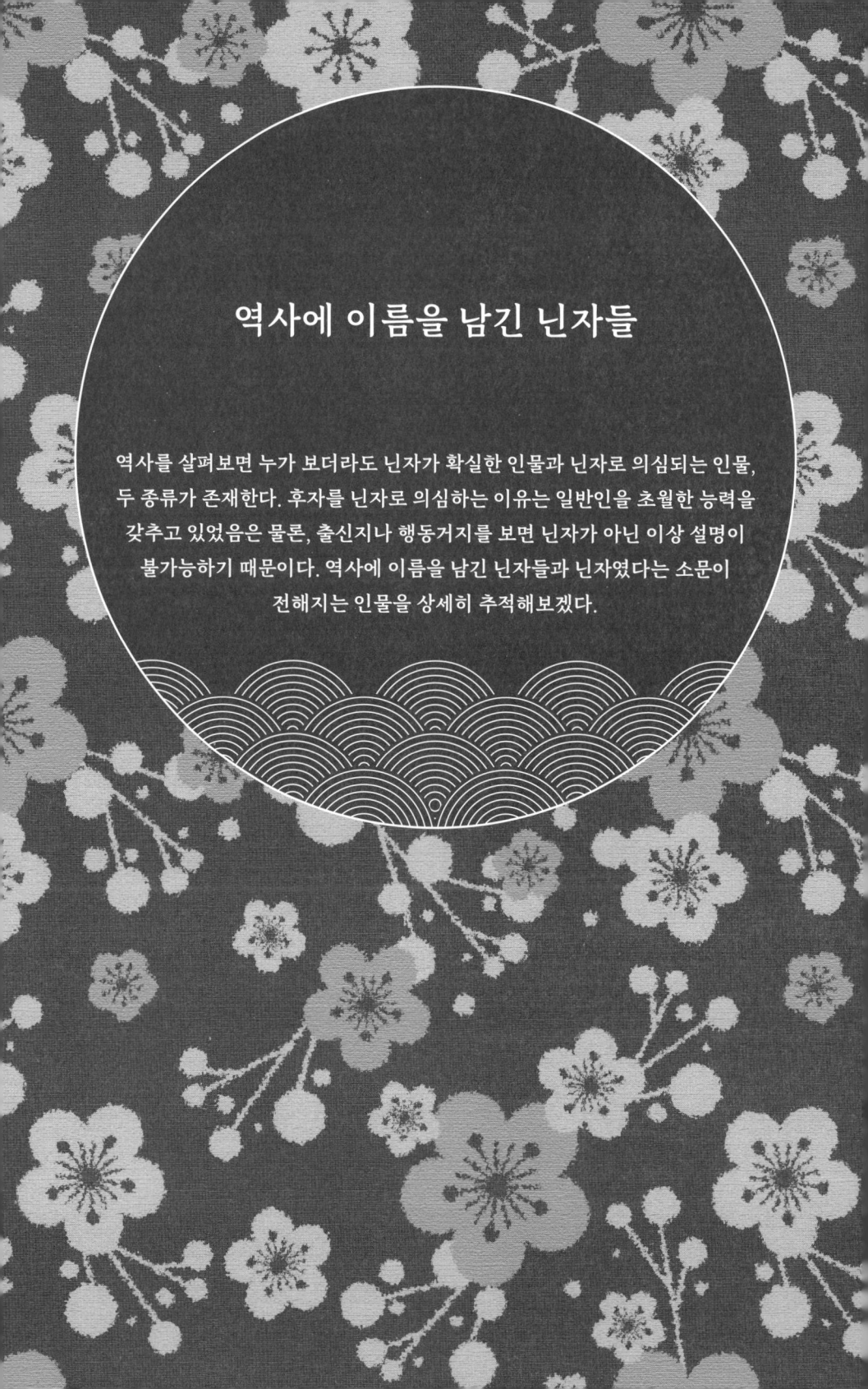

역사에 이름을 남긴 닌자들

역사를 살펴보면 누가 보더라도 닌자가 확실한 인물과 닌자로 의심되는 인물, 두 종류가 존재한다. 후자를 닌자로 의심하는 이유는 일반인을 초월한 능력을 갖추고 있었음은 물론, 출신지나 행동거지를 보면 닌자가 아닌 이상 설명이 불가능하기 때문이다. 역사에 이름을 남긴 닌자들과 닌자였다는 소문이 전해지는 인물을 상세히 추적해보겠다.

미치노오미노미코토

일본에서 가장 오래된 칙선 역사서
『일본서기日本書紀』에 등장하는 인물로,
진무 덴노가 동쪽 지방을 정벌할 때 선봉에
서서 '풍가도어술諷歌倒語術'을 사용했다고 한다.
이는 노래나 단어에 암호를 섞는 기술로,
이 방법을 쓰면 적에게 들키지 않고 의표를
찌를 수 있게 된다. 기습은 닌자의 특기였던
만큼 그야말로 닌자의 시조가 아닐까.

생몰년　기원전 600년경
출신　　불명
주군　　진무 덴노
유파　　불명

오토모노 사비토(사이뉴)

쇼토쿠 태자로부터 닌자의 원형인 '시노비志能便,
혹은 志能備'라는 직책을 부여받은 인물이다.
일본에서 가장 오래된 닌자라는 설이 있지만
확실치는 않다. 587년에 일어난 데이비丁未의
난에서는 모노노베노 모리야의 쿠데타를
저지하기 위해 모략으로 모리야를 끌어내는
활약을 펼쳤다. 이후로 사비토는 고가로 건너가
고가류의 시조가 되었다고 전해진다.

생몰년　불명
출신　　불명
주군　　쇼토쿠 태자
유파　　고가

미나모토노 요시쓰네 · 이세 사부로 요시모리

무사시보 벤케이와 고조 대교에서 대치했을
당시의 몸놀림이나 단노우라 전투(1185년) 당시
배에서 다른 배로 점프해 순식간에 8척의 배를
뛰어넘은 일화에서 유래한 '팔척 뛰기' 등이
미나모토노 요시쓰네가 닌자라 불리는 까닭이다.
또한 무장으로 이름 높은 요시쓰네의 충신인
이세 사부로 요시모리 역시 닌자로 전해진다.
그 이유는 인술의 극의를 노래한 『요시모리햐쿠슈』
(p.68)의 저자로 전해지기 때문이다.

미나모토노 요시쓰네
생몰년 1159년~1189년
출신 교토
주군 없음
유파 요시쓰네류

이세 사부로 요시모리
생몰년 ?~1186년
출신 이가
주군 미나모토노 요시쓰네
유파 이가류

구스노키 마사시게

막부나 장원 영주에 대항하기 위해 독자적으로
무력을 행사했던 이들을 가리키는 '아쿠토悪党'를
닌자의 뿌리로 보는 설도 있다. 남북조 시대의
명장인 구스노키 마사시게 역시 아쿠토 출신으로,
무사라고는 생각되지 않는 신출귀몰한 기습
전법이 특기였다. 또한 이가 닌자의 대표인
핫토리 가문이 구스노키 가문과 혈연관계라는
점으로 보아 '마사시게=닌자'라는 설이 뿌리 깊다.

생몰년 1294년~1336년
출신 가와치
주군 고다이고 덴노
유파 구스노키류

핫토리 한조 마사나리

핫토리 한조는 개인의 이름이 아니라 대대로 전해지는 당주의 이름이다. 마사나리는 '닌자의 아버지'라 불리는 핫토리 한조 야스나가의 다섯 번째 아들이다. 야스나가는 인술서인 『시노비히덴』의 집필자로 알려져 있으며 마사나리는 도쿠가와 막부 설립에 공을 세운 인물이다. 야스나가로부터 가문을 물려받은 뒤, 이에야스를 섬기며 도토미카케가와성 공략, 아네가와 전투, 미카타가하라 전투 등에서 전공을 쌓았다.
혼노지의 변이 일어났을 때 사카이에 머무르던 이에야스를 미카와까지 경호한 인물 역시 마사나리였다고 한다.

생몰년 1542년~1596년
출신 이가
주군 도쿠가와 이에야스
유파 이가류

후마 고타로

후(後)호조 가문을 섬겼던 후마 고타로는 핫토리 한조와 마찬가지로 개인의 이름이 아닌 당주의 이름이다. 『호조고다이키北条五代記』에 따르면 출신지는 사가미국 아시가라시모군 가자마촌이다. 호조 소운의 시대부터 전투가 벌어지면 부름에 응하는 관계였으며, 밤눈이 밝아지는 훈련을 했기 때문에 야습이 특기였다. 또한 5대 후마 고타로는 요괴와 같은 풍모에 신장은 2.2m나 되는 거한이었다고 한다. 한 번 고함을 지르면 5.5km나 울려 퍼졌다고 전해진다.

생몰년 ?~1603년?
출신 사가미
주군 후호조 가문
유파 랏파

반 다로자에몬 스케이에

반 다로자에몬 스케이에는 오다 노부나가로부터 두터운 신뢰를 받았던 인물이다. 고가모노 중에서 가장 세력이 강했던 반 가문의 당주로, 오토모노 사비토가 선조라고 한다. 아케치 미쓰히데가 모반을 일으킨 혼노지의 변에서는 노부나가의 측근으로서 아케치군에 맞서 싸웠다. 이때 혼노지가 불길에 휩싸인 것은 다로자에몬이 화약을 사용했기 때문이라고 한다. 노부나가의 시체를 아무리 찾아봐도 발견할 수 없었다는 이야기도 화약에 따른 폭발 때문이라면 고개가 끄덕여진다.

생몰년 ?~1582년?
출신 고가
주군 롯카쿠 가문, 마쓰다이라 가문, 오다 가문
유파 고가류

마쓰오 바쇼

전국을 유랑한 하이쿠 시인으로 알려진 마쓰오 바쇼는 이가 출신이다. 심지어 바쇼에게 하이쿠를 가르친 도도 우네메 모토노리는 핫토리 한조 마사나리의 당질에 해당한다. 무쓰·데와에서 에치고·가가를 유랑했을 당시의 기행문인 『오쿠노호소미치奥の細道』에 따르면 바쇼는 45세라는 나이에도 불구하고 하루에 수십 km의 산길을 답파한 바 있다. 범상치 않은 체력과 더불어 여비를 내준 인물 역시 알려지지 않았다. 일설에 따르면 도쿠가와 가문이 거느렸던 온미쓰였다고도 한다.

생몰년 1644년~1694년
출신 이가
주군 없음
유파 불명

닌자 연표

기원의 시대

연도	닌자의 역사	해당 시기의 사건
기원전 660년	진무 덴노가 일본을 건국하기 위해 동정을 나섰을 때, 미치노오미노미코토가 인술을 사용해 선봉을 맡다	기원전 1500년 벼농사가 시작되다
기원전 221년	중국의 방술이라 불리는 기술을 익힌 방사 서복이 진시황의 명을 받고 불로초를 찾아 중국에서 일본에 상륙했다. 이후 닌자가 되었다는 설이 있다.	57년 왜의 노국왕, 후한(중국)에 조공을 바치다. 인수를 받다
587년	쇼토쿠 태자가 시노비로 오토모노 사비토(사이뉴)를 이용해 유력 호족이었던 모노노베 가문을 멸망시키다(데이비의 난)	538년 백제로부터 불교 전래
672년	오아마 황자가 가신인 다코야를 간자(닌자)로 기용하다	645년 나카노오에 황자와 나카토미노 가마타리가 소가 가문을 멸망시키다 (을사의 변)
953년	'다이라노 마사카도의 난'에서 고가모노의 시조로 여겨지는 모치즈키 사부로 가네이에가 공적을 세우다	794년 헤이안쿄 천도
1053년~1055년	도다이지령의 장원 구로다노쇼에서 '구로다의 아쿠토'라 불리는 무사 집단이 생겨나다. 이 집단이 이후 생겨나는 이가모노의 시조로 여겨진다	1016년 후지와라노 미치나가, 섭정이 되다
연도 불명	헤이안 시대의 호족, 후지와라노 지카타가 닌자의 원형으로 여겨지는 욘키(四鬼)를 사용해 조정에 반란을 일으키다	1156년 호겐의 난 1159년 헤이지의 난
1169년	미나모토노 요리토모의 동생 요시쓰네가 구라마산에서 무라쿠모류의 히타치보 가이손에게서 인술을 배웠다고 여겨진다	
1185년	미나모토노 요시쓰네의 사천왕 중 하나인 닌자 이세 사부로 요시모리가 다이라 가문의 총대장 다이라노 무네모리와 아들인 기요무네를 사로잡다	1185년 다이라 가문 멸망 1192년 미나모토노 요리토모가 가마쿠라 막부를 개막, 무가 정권이 시작되다
1189년	가마쿠라 시대의 무장, 난부 미쓰유키가 가이 지방에서 오슈로 이주했을 당시 닌자인 가라효부 마사미치를 대동했다	1274년 원의 1차 일본 원정(원나라 군대의 규슈 습격)
1282년	도다이지(東大寺)측이 장원을 둘러싸고 훗날 이가 닌자의 시조로 여겨지는 아쿠토와 대립하다	1281년 원의 2차 일본 원정
1331년	가마쿠라 시대 말기의 무장 구스노키 마사시게가 이가 닌자를 거느리고 가마쿠라 막부 타도 운동인 '겐코의 난'에서 활약하다	1336년 아시카가 다카우지가 교토에서 무로마치 막부를 창시하다
1338년	군담『다이헤이키』에 '시노비'로서 닌자의 존재가 처음으로 기록되다	1338년 아시카가 다카우지가 정이대장군에 오르다 1392년 남북조 통일

역사 속 닌자의 시대

연도	사건	연도	사건
1487년	센고쿠 무장 롯카쿠 다카요리가 고가 닌자의 협력으로 아시카가 요시히사의 대군을 물리치다(마가리의 진)	1401년	아시카가 요시미쓰가 제1회 견명사를 파견
1492년	아시카가 요시히사 사후 쇼군직을 물려받은 아시카가 요시타네가 다시 롯카쿠 다카요리를 공격하지만 고가 닌자가 막아내다	1428년	쇼초의 농민봉기 발발
		1493년	이세 모리토키(호조 소운)가 이즈를 침략하다
1541년	이가슈가 가사기성을 습격, 불을 질렀다는 내용이 승려의 일기『다몬인닛키(多聞院日記)』에 기록되다	1543년	다네가시마로 철포가 전래되다
1542년	이가 닌자 핫토리 한조가 미카와국에서 태어나다.		
1546년	후마 고타로 휘하의 이구루와 이스케가 조사를 위해 우에스기군의 가시와바라 진지에 잠입하다	1549년	기독교가 전래되다
1555년	이가슈의 닌자 11명이 야마토타카타성을 습격하다	1553년	가와나카지마 전투
1558년	오다 노부나가가 교단이라 불리는 닌자 집단을 중용해 오와리 지방을 통일하다	1557년	모리 모토나리가 오우치 요시나가에게 승리하다
1559년	미노의 센고쿠 무장 사이토 요시타쓰가 노부나가를 암살하기 위해 닌자를 보내지만 실패하다		
1560년	자신들의 현지 영주권을 지키기 위해 이가모노가 손을 잡다(이가소코쿠잇키)	1560년	오케하자마 전투
	이가의 기자루가 야마토·도이치성을 공격하다		
1561년	센고쿠 다이묘 롯카쿠 요시카타가 도도 가문의 거성을 공격할 때 이가 닌자 이가노사키 도준이 활약하다	1561년	우에스기 겐신, 우에스기 노리마사로부터 관동관령직을 양도받다
	센고쿠 무장인 아사이 나가마사가 이가 닌자를 이용해 오미·후토오성에 불을 지르다		
	센고쿠 무장인 우에스기 겐신이 거느린 닌자 집단 '후시카기'가 다케다 신겐의 작전을 알아차리며 우에스기군은 다케다군보다 먼저 공격하는 데 성공하다		
	우에스기 겐신의 가신이자 '랏파 대장군'이라 불린 닌자 나가노 나리마사가 사망하다		
1562년	도쿠가와 이에야스가 이가슈를 이용해 가미노고성을 야습하다	1562년	오다 노부나가와 도쿠가와 이에야스가 동맹을 맺다
	호조 가문이 후마토의 닌자를 이용해 가사이성을 교란시킨 후 공략하다	1568년	오다 노부나가가 아시카가 요시아키를 쇼군으로 내세우고 수도로 입성하다
1570년	철포의 명인이자 닌자인 스기타니 젠주보가 롯카쿠 요시카타의 명을 받아 오다 노부나가를 쏘았지만 실패로 끝나다	1570년	아네가와 전투
		1571년	오다 노부나가가 히에이산을 불태우다
1572년	닌자 한토리 한조 마사나리가 미카타가하라 전투에서 이치반야리의 공적을 세우다. 전공으로 도쿠가와 이에야스로부터 이가슈 150명을 맡게 되다	1573년	오다 노부나가가 아시카가 요시아키 추방. 무로마치 막부 멸망하다

역사 속 닌자의 시대

1578년	하시바 히데요시(도요토미 히데요시)가 모리 측의 고즈키성을 공격했을 때, 모리 측의 닌자인 사다 히코시로가 게닌을 이끌고 하시바군을 혼란에 빠뜨렸다	1575년 나가시노 전투 1576년(~79년) 아즈치성 축성 1578년 미미가와 전투 1579년 아즈치성의 천수각이 완공되다
1579년	이가류 닌자 기도 야자에몬 외 두 명의 닌자가 철포로 노부나가를 저격하지만 실패로 끝나다	
	오다 노부나가의 아들 노부카쓰가 이가 공략을 개시하다. 이가 닌자의 게릴라 전술에 패주하다	
	호조 우지마사와 다케다 가쓰요리가 대치한 '기세가와 전투'에서 호조 측의 후마 닌자들이 내부에 잠입한 다케다의 첩자를 발견, 처단하다	
1580년	이가슈가 해자를 건너 오다 노부나가의 성에 잠입하는 데 성공하다	1580년 이시야마 혼간지가 오다 노부나가에게 항복하다
1581년	오다 노부카쓰가 이가를 포위해 이가 닌자에게 승리를 거두다(제2차 덴쇼 이가의 난)	1581년 돗토리성 전투
	닌자 야자에몬이 또다시 노부나가 암살에 실패하다	
1582년	혼노지의 변이 일어났을 때, 오사카·사카이에 있던 도쿠가와 이에야스는 핫토리 한조 마사나리가 이끄는 이가 닌자의 협력을 받아 미카와로 복귀하다	1582년 혼노지의 변에서 오다 노부나가가 자결하다
	센고쿠 무장 마에다 도시이에가 닌자 집단 누스미구미를 이용해 세키도산을 불태우다(세키도산 전투)	
1585년	사나다 노부시게(유키무라)를 섬기던 와리타 시모우사노카미 시게카쓰가 호조 가문과의 전투에서 활약하다	1585년 도요토미 히데요시가 관백에 오르다
1586년	센고쿠 무장 다테 마사무네가 닌자 집단인 구로하바키구미를 창설하다	1587년 예수회 선교사를 추방하라는 바테렌 추방령이 내려지다
	구로하바키구미가 히토토리바시 전투에 참전하다	
1588년	구로하바키구미가 고리야마 전투에서 활약, 다테군을 승리로 이끌다	1588년 농민으로부터 무기를 압수하는 가타나가리가 실시되다
	닌자 이시카와 가몬가시라 요리아키가 도쿠가와 이에야스 암살을 꾀하다	1590년 도요토미 히데요시가 오슈를 평정하며 전국 통일을 완수하다
1594년	대도이자 닌자인 이시카와 고에몬을 비롯한 11명이 히데요시 휘하의 마에다 겐이에게 사로잡혀 처형당하다	
1600년	세키가하라 전투에서 이이 나오마사가 서군의 무장들에게 닌자를 파견하다	1600년 세키가하라 전투
	후시미성 전투에 고가 닌자가 참가하다	
	고가 도신*들의 수장인 야마오카 도아미 가게토모의 밑으로	

*경비, 순찰 등을 맡는 하급관리

역사 속 닌자의 시대	( )	고가 하쿠닌구미가 결성되다	1603년 도쿠가와 이에야스가 정이대장군에 취임, 에도 막부를 열다
	1604년	핫토리 한조 마사나리(正成)의 사후, 장남인 마사나리(正就)가 이가구미 두령의 자리를 물려받지만 휘하의 이가모노로부터 해임을 요구받다	
	1614년	오사카 겨울의 진에서 도요토미 측이 농성하던 오사카 성에 이에야스 측의 이가, 고가 닌자들이 잠입, 오사카 성의 문을 여는 데 성공하다	1615년 오사카 여름의 진이 벌어지다. 도요토미 가문이 멸망하다
	1623년	무사에 준하는 특별 계급 제도인 '무족인 제도'가 이가에 성립되다. 센고쿠 시대에 활약한 닌자들이 이가의 치안을 맡다	1624년 스페인 함선의 내항이 금지되다
	1636년	쓰번에 이가 닌자 20명이 번사로 고용되다	
	1637년	쓰번이 타국을 섬기는 이가모노의 국외 추방을 강화하다	1637년 시마바라의 난이 일어나다
		시마바라의 난을 진압하려 한 막부 측 마쓰다이라 노부쓰나의 명령에 모치즈키 요에몬을 비롯한 10명의 고가 닌자가 참가하다	1639년 포르투갈 함선의 내항이 금지되다
	1643년	닌자의 유파인 요시쓰네류를 이어받은 이하라 반에몬 요리후미가 후쿠이번을 섬기다	1657년 메이레키 대화재(에도성 본성이 소실)
	1672년	가노번의 도다 가문이 인술을 높이 사 고가 출신 아쿠타가와 구로자에몬 요시미치를 고용하다	1669년 샤쿠샤인 전쟁
	1674년	쓰가루번이 닌자 조직 하야미치노모노를 창설하다	1673년 미쓰이 다카토시가 에치고야 포목점을 열다
	1676년	닌자 후지바야시 야스타케가 인술서 『반센슈카이』를 편찬하다	1675년 지방관 이나 다다야스가 오가사와라 제도를 탐험하다
	1679년	최초의 닌자 연구가로 일컬어지는 기쿠오카 뉴겐이 『이란키』를 편찬하다	1680년 도쿠가와 쓰나요시가 5대 쇼군에 오르다
	1716년	도쿠가와 가문의 8대 쇼군 요시무네가 밀정이 주된 임무인 오니와반을 설치하다	1685년(~1709년) 살생금지령
	1760년	우에노성의 성주 대리 도도 우네메가 『산고쿠타시(三國地志)』를 편찬하다	1716년 도쿠가와 요시무네가 쿄호 개혁을 실시하다
	1789년	오하라 가즈마를 비롯한 닌자들이 에도 막부에 『반센슈카이』를 헌상하다	1732년 쿄호 기근이 벌어지다
	1829년	오니와반의 마미야 린조가 외국인과 교류한 다카하시 가게야스를 막부에 밀고하다	1787년 마쓰다이라 사다노부가 간세이 개혁을 실시하다
	1853년	쓰번을 섬기던 닌자 사와무라 진자부로 야스스케가 흑선에 잠입, 수색하다	1841년 미즈노 다다쿠니가 덴포 개혁을 실시하다
	1863년	고가모노 출신자로 구성된 고가 근황대가 편성되다. 막부를 타도하기 위해 군사 활동에 나서다.	1853년 미국의 페리 제독이 우라가에 내항하다
			1867년 왕정복고를 위한 대정봉환이 이루어지다

참고문헌

- 『'어쩌면?' 도감-닌자 수행 매뉴얼』 야마다 유지 감수(지쓰교노니혼샤)
- 『닌자는 굉장했다-인술서의 81가지 수수께끼를 풀다』 야마다 유지 감수(겐토샤)
- 『닌자·인술-초비전 도감』 야마다 유지 감수(나가오카쇼텐)
- 『슬슬 진짜 닌자에 대해 이야기해보자』 야마다 유지 감수, 사토 쓰요시 지음(갬빗)
- 『닌자의 탄생』 요시마루 가쓰야·야마다 유지 편집(벤세이출판)
- 『닌자의 역사』 야마다 유지 지음(가도카와쇼)
- 『완본 반센슈카이』 나카시마 아쓰미 역주(국서간행회)
- 『닌자의 병법-3대 비전서를 읽다』 나카시마 아쓰미 지음(KADOKAWA)
- 『닌자의 규칙』 가와카미 진이치 지음(KADOKAWA)
- 『The NINJNA-닌자란 무엇인가!? 공식 북』 'The NINJNA-닌자란 무엇인가!?' 실행위원회 감수(KADOKAWA)
- 『닌자의 후예-에도성에서 일한 이가모노들』 다카오 요시키 지음(KADOKAWA)
- 『신인물 문고-이가·고가 닌자의 수수께끼』 역사독본 편집부 편집(KADOKAWA)
- 『신장판 인법-그 비밀과 사례』 오쿠세 헤이시치로 지음(신진부쓰오라이샤)
- 『별책 역사독본-이가·고가 닌자의 수수께끼』 (신진부쓰오라이샤)
- 『인술-그 역사와 닌자』 오쿠세 헤이시치로 지음(신진부쓰오라이샤)
- 『닌자를 더 알고 싶다!』 일본 닌자 연구회 지음(미카사쇼보)
- 『사실이야? 비밀의 초백과⑫ 비전 해금! 닌자 초백과』 구로이 히로미쓰 감수(포플러사)
- 『닌자도감』 구로이 히로미쓰 지음(브론즈신샤)
- 『일러스트 도해-닌자』 가와카미 진이치 감수(닛토쇼인)
- 『센고쿠의 정보 네트워크』 가모 다케시 지음(커먼즈)
- 『닌자를 과학하다』 나카시마 아쓰미 지음(요센샤)
- 『역사 그래피티-닌자』 기쿄 이즈미 편집(주부와 생활사)
- 『역사 군상 시리즈 71-닌자와 인술 어둠에 숨은 이능력자의 허상과 실제』 (가쿠슈겐큐샤)
- 『닌자의 생활』 야마구치 마사유키 지음(유잔카쿠출판)
- 『닌자의 세계』 야마키타 아쓰시 지음(AK)
- 『여기까지 알아냈다-고가 닌자』 고가류 닌자 조사단 감수, 하타나카 에이지 지음(선라이즈출판)
- 『센고쿠 닌자는 역사를 어떻게 움직였을까?』 시미즈 노보루 지음(KK베스트셀러즈)
- 『일본사의 내막』 이소다 미치후미 지음(주오코론신샤)
- 『역사를 즐기는 법』 이소다 미치후미 지음(주오코론신샤)
- 『일러스트로 보는 센고쿠 시대의 생활 도감』 오와다 데쓰오 감수(다카라지마샤)
- 『막부의 하급무사-이가모노 연구』 이노우에 나오야 지음
- 『닌자 검정 독본-닌자의 지식 면허개전으로 가는 길』 고가 인술 연구회 편집(고가시 관광협회)

60가지 주제로 알아보는
센고쿠 닌자 이야기 (戦国 忍びの作法)

감수 야마다 유지(山田雄司)
옮긴이 곽범신

초판 1쇄 2023년 9월 6일

펴낸이 유승훈
디자인 위앤드(정승현)
펴낸곳 마나북스
주소 서울시 중구 을지로 12길 28 R259
전화 02) 735-1639
팩스 02) 6918-0896
이메일 manabooks01@gmail.com
Copyright © 마나북스, 2023, Printed in Korea.
출판등록 제2021-000005호
ISBN 979-11-975052-1-8 (03910)

책값은 뒤표지에 있습니다.
잘못 만들어진 책은 구입하신 서점에서 교환해드립니다.
이 책은 저작권법에 의하여 보호를 받는 저작물이므로 무단 전재와 복제를 금합니다.

마나북스 역사 시리즈

일본사 부문 베스트셀러!!

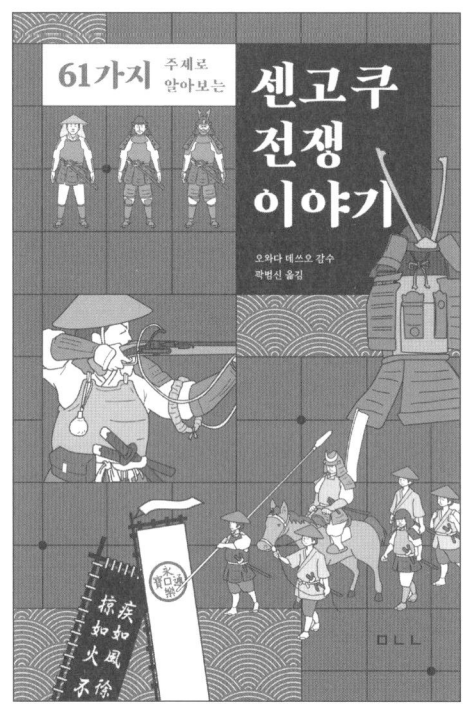

61가지 주제로 알아보는
센고쿠 전쟁 이야기

오와다 데쓰오 감수 / 곽범신 역

센고쿠 시대 전쟁의 모든 것을
일러스트와 함께
상세하고 재미있게 알아본다.

정가 16,000원